"丝绸之路经济带"
推进过程面临的风险与挑战
中亚视角

刘 珺◎著

时事出版社

北京

图书在版编目（CIP）数据

"丝绸之路经济带"推进过程面临的风险与挑战：
中亚视角/刘珺著 . —北京：时事出版社，2018. 2
　ISBN 978-7-5195-0178-5

　Ⅰ. ①丝…　Ⅱ. ①刘…　Ⅲ. ①丝绸之路—经济带—
研究—中亚　Ⅳ. ①F136. 054

中国版本图书馆 CIP 数据核字（2017）第 287340 号

出 版 发 行：时事出版社
地　　　　址：北京市海淀区万寿寺甲 2 号
邮　　　　编：100081
发 行 热 线：（010）88547590　88547591
读者服务部：（010）88547595
传　　　　真：（010）88547592
电 子 邮 箱：shishichubanshe@ sina. com
网　　　　址：www. shishishe. com
印　　　　刷：北京朝阳印刷厂有限责任公司

开本：787×1092　1/16　印张：10　字数：140 千字
2018 年 2 月第 1 版　2018 年 2 月第 1 次印刷
定价：68. 00 元
（如有印装质量问题，请与本社发行部联系调换）

目　录

前　言

2013 年 9 月 7 日，习近平主席在哈萨克斯坦纳扎尔巴耶夫大学发表了题为《弘扬人民友谊　共创美好未来》的重要演讲，提出了共同建设"丝绸之路经济带"的倡议①。这一倡议与习主席此后于印度尼西亚提出的"21 世纪海上丝绸之路"一起，共同构成了新时期中国发展对外关系和完善开放型经济体系的大战略。

一、研究意义

改革开放 30 多年来，中国经济实现了持续快速增长，经受住了 2008 年国际金融危机的严峻考验；2010 年 GDP 超过日本正式成为世界第二大经济体；2013 年首次成为全球最大货物贸易国。国际货币基金组织（IMF）研究结果显示，2014 年中国的经济规模是 17.6 万亿美元，已经超过 17.4 万亿美元的美国。IMF 预计，到 2019 年，中国经济规模将超过美国 20%②。

---

① 《习近平：创新合作模式　共同建设"丝绸之路经济带"》，http://cpc. peo-ple. com. cn/n/2013/0907/c164113 –22840646. html，上网时间：2017 年 11 月 20 日。
② 《中国已成为世界最大经济体》，FT 中文网报道，2014 年 10 月 10 日。

然而，我们可以看到，迅速崛起的中国在重塑全球经济治理结构中拥有越来越大的话语权的同时，也面临着更加复杂多变的国际环境和各种各样的国内挑战。一方面，中国必须积极作为，进一步加强国际合作，有效利用国际市场和国际资源，拓展能源和原材料供给渠道，提升国家能源安全水平，满足自身经济持续增长的需求。另一方面，近年来围绕中国周边地区特别是东亚、东南亚的斗争博弈日益激烈，在东亚地缘政治和安全环境挑战短期内无法化解的情况下，中国需要突破东部之围，另辟蹊径，寻求开拓新的发展战略空间。全方位对外开放从来没有像今天这样深刻地影响着中国，并决定着中国的命运。"丝绸之路经济带"着眼于向西开放，是中国实施全方位对外开放战略的重要突破口之一，也是一个带有动态特征的大战略设计，对于我国构建开放型经济新体制，打造全方位对外开放新格局具有决定性意义。

早在100多年前，英国地缘政治家麦金利就曾预言：包括中亚在内的欧亚大陆腹地将是全球战略竞争的决胜点。"丝绸之路"横贯东西、连接欧亚，中亚国家与中国山水相连，在地缘政治和经济上具有重要的战略地位。中亚是"丝绸之路经济带"建设的起点区域和核心地区①。起点搞好了，中心搞扎实

---

① 胡鞍钢、马伟等人认为，中亚是"丝绸之路经济带"的核心区，而环中亚经济带和亚欧经济带是"丝绸之路经济带"的重点区和拓展区。见胡鞍钢等：《"丝绸之路经济带"：战略内涵、定位和实现路径》，《新疆师范大学学报（哲社版）》，2014年第4期。具体说来，"丝绸之路经济带"大体分三个走向：分别是波罗的海方向、波斯湾地中海方向和印度洋方向。一是从中国西北经中亚、俄罗斯至欧洲（波罗的海）；二是从中国西北经中亚、西亚至波斯湾、地中海；三是从中国西南经中南半岛至印度洋（此方向与"21世纪海上丝绸之路"部分线路重合，"21世纪海上丝绸之路"的一条通道走向为从中国沿海港口过南海，经马六甲海峡到印度洋，延伸至欧洲）。可以看到，"丝绸之路经济带"战略走向以中亚五国、中南半岛有关国家和俄罗斯、蒙古国为重点，通达西亚、中东和中东欧各国。

了，才可以点带面，从线到片，逐步形成区域大合作。然而，中亚国家不仅自然环境较差、基础设施落后、经济发展水平较低，而且对外深陷大国博弈的战场，对内面临领导人交接、民主政治转型、民族宗教冲突等多重矛盾。如何进一步密切与中亚国家的经济联系，创新合作模式，提高双边多边经贸合作层次和水平；如何完善"丝绸之路经济带"倡议构想，做出准确的风险预判，规避或弱化沿途风险困扰因素，科学规划和有序推进建设蓝图，是当前国际战略和国家安全问题研究最为急迫的任务之一，也是学术界面临的重大课题。加强"一带"建设中的风险问题研究，对于实现中国"西向开放战略"与"丝绸之路经济带"建设目标，保证中国国家整体战略的顺利推进，助推中国企业成功"走出去"具有重大的现实意义。

本书各部分对"丝绸之路经济带"建设在以中亚为重点的沿线地区推进过程中在大国区域战略竞争、中美结构性矛盾、地区反恐安全形势、国家民主政治及社会转型、区域经济合作和市场环境、军事力量支撑等方面可能面临的困扰因素以及由此引发的多重投资风险和挑战进行深入探讨和专题研究，并就如何化解这些风险提出相关建议和对策解决方案。

二、国内外研究现状

党中央、国务院根据全球形势深刻变化和中国自身经济发展进程，统筹国内国际两个大局做出推进"一带一路"建设的重大战略决策后，引起国内外的高度关注，学术界对此展开了热烈的讨论。随着"一带一路"从提出倡议步入务实推进阶段，在中国政府的支持下，中国企业界掀起海外投资热潮，有关"一带一路"的风险研究也一步步凸显出来，并呈现出从理论到实践，从基础到应用，由宏观到微观的发展脉络。到目前为止，国内有关"丝绸之路经济带"的研究大体从三个层面展开：

一是概念范围界定和理论阐释。

这一层面的研究主要集中在有关"丝绸之路经济带"倡议提出的时代背景和重大意义、"丝绸之路经济带"的概念界定和基本内涵、"丝绸之路经济带"的发展方向和空间范围、"丝绸之路经济带"的指导思想和基本精神等方面，重点多是对中央决策精神做进一步的理论阐释和政策宣讲。这一层面的代表性学术成果有：王明亚的《丝绸之路经济带的战略构建及其战略意义》（2013 年 12 月 15 日，《天水行政学院学报》）、丁晓星的《丝绸之路经济带的战略性与可行性分析——兼谈推动中国与中亚国家的全面合作》（2014 年 2 月 15 日，《人民论坛·学术前沿》）、冯宗宪的《中国向欧亚大陆延伸的战略动脉——丝绸之路经济带的区域、线路划分和功能详解》（2014 年 2 月 15 日，《人民论坛·学术前沿》）、胡鞍钢的《"丝绸之路经济带"：战略内涵、定位和实现路径》（2014 年 4 月 28 日，《新疆师范大学学报》）、周励的《解读"丝绸之路经济带"》（2014 年 4 月，《西部大开发》）、何义霞的《"丝绸之路经济带"：战略考量、前景展望与建设思路》（2014 年 4 月，《当代世界与社会主义》）、刘迪的《"丝绸之路经济带"：概念界定与经济社会综述》（2014 年 9 月 5 日，《西部金融》）、李向阳的《"一带一路"：定位、内涵及需要优先处理的关系》（2015 年 5 月，社会科学文献出版社）、胡健的《一带一路战略构想的理论渊源》（2015 年 9 月，光明网）等等。"丝绸之路经济带"倡议是发展的倡议、合作的倡议、开放的倡议，但从本质上来说，它是中国单方面的顶层设计和战略构想，需要通过相关国家的参与和合作才能够真正实现。

二是整体研究和宏观实践。

这一层面有关"丝绸之路经济带"建设的研究更加具体深入，一些文章对"丝绸之路经济带"建设的指导思想、策略原则、合作重点、机制方案、建设路径、组织实施提出了自己的认识，部分研究已经由总体发展战略逐步向具体领域如何建设"丝绸之路经济带"深入，对"丝绸之路经济带"倡议下推进务实合作可能面临的问题开始有所关照。该层面的代表性研究成果主要有：李宁的《"丝绸之路经济带"区域经济一体化的成本与收益研究》（2014 年第 5 期，《当代经济管理》）、程云洁的《"丝绸之路经济带"建设给我国对外贸易带来的新机遇与挑战》（2014 年第 6 期，《经济纵横》）、中国城市规划设计研究院于 2015 年 1 月编制完成的《"一带一路"空间战略研究》、钟飞腾等人著的《对外投资新空间："一带一路"国别投资价值排行榜》（2015 年 3 月，社会科学文献出版社）、孙久文和高志刚所著的《丝绸之路经济带与区域经济发展研究》（2015 年 3 月，经济管理出版社）、黄群慧主编的《"一带一路"沿线国家工业化进程报告》（2015 年 12 月，社会科学文献出版社）、吴宏伟主编的《新丝路与中亚：中亚民族传统社会结构与传统文化》（2015 年 12 月，社会科学文献出版社）等。但总体看来，这一层面有关"丝绸之路经济带"的风险研究还不十分突出，风险研究还从属于整体研究，没有明确地从整体研究中拨离出来，对风险泛泛而谈的研究状况距离指导实际工作还有很大的距离。

三是逐步聚焦风险与挑战。

随着国家发改委、外交部、商务部联合发布了"一带一路"建设愿景与行动文件，这一重大倡议的时代背景、共建原则、框架思想、合作重点、合作机制、行动方案和安全保障更加清晰，有关"一带一路"倡议的风险问题也日渐进入研究者和决策层的关注视野，国内诸多智库、律师事务所、保险股份有限公司、企业、商会积极开展海外利益研究，有的发布了相关年报、风险指数报告等。研究人员普遍认为，习近平主席提出的"一带一路"倡议顺应了时代潮流，具有重大的历史意义，"一带一路"的构建将给沿线国家经济发展带来新的历史契机，符合相关国家的利益，具备广阔的发展前景；但"一带一路"倡议有待充实具体内容，需要相关国家的积极参与，且由于涉及国家众多，各国经济社会发展参差不齐，地区安全形势纷乱复杂，其建设必将是一个长期的过程，面临不少困难和挑战。

这一层面国内有关"一带一路"风险和挑战方面的主要学术成果有：苏畅的《中亚国家政治风险量化分析》（2013年第1期，《俄罗斯东欧中亚研究》）、何茂春、张翼兵的《新丝绸之路经济带的国家战略分析：中国的历史机遇、潜在挑战与应对策略》（2013年12月上，《人民论坛·学术前沿》）、周丽华的《新疆企业出口中亚五国的汇率风险研究》（2014年第1期，《市场周刊：理论研究》）、蒋焕的《中亚油气合作风险分析及对策》（2014年6月13日，《石油化工技术与经济》）、薛力的《中国"一带一路"战略面对的外交风险》（2015年第2期，《国际经济评论》）、刘海泉的《"一带一路"战略的安全挑战与中国的选择》（2015年第2期，《太平洋学报》）、王义梳的《"一带一路"的多重战略风险》（2015 年 2 月刊，《中国投资》）、李自国的《一带一路，风险不可不察》（2015 年 3 月，《瞭望》）、乔良的《"一带一路"战略要考虑军事力量走出去问题》（2015 年 4 月，《国防参考》）、经济学人智库发布的白皮书：《愿景与挑战——"一带一路"沿线国家风险评估》（2015 年 4 月 14 日，《经济学人》）、王永中和王碧珺的《中国海外投资高政治风险的成因与对策》（2015 年 5 月，《全球化》）、马斌的《"丝绸之路经济带"政治风险的识别与应对：以中亚为例》（2015 年 6 月，《国际论坛》）、王卫星的《"一带一路"战略面临的风险挑战及对策研究》（2015 年 8 月，《理论视野》）、丁志刚和刘领平的《"丝绸之路经济带"建设面临的境外挑战分析》（2015 年 11 月 7 日，《学习与探索》）、王永中的《中国对"一带一路"沿线国家投资的特征与风险》（2015 年 11 月，《中国社会科学网》）、李明的《"一带一路"战略与全球风险治理》（2015 年 11 月，《中国经济时报》）、2015 年储殷、柴平发表在中国网的《一带一路投资政治风险》系列研究、陆钢的《一带一路背景下中国对中亚外交的反思》（2016 年 1 月，《探索与争鸣》）、魏琪嘉的《"一带一路"战略风险评估及应对建议》（2016 年 2 月，《全球化》）、温灏和梁舰的《一带一路：投资价值与风险》（2016 年 3 月 3 日，中国地产网）、孙力的《"一带一盟"对接合作：中亚国家视角的分析》（2016 年第 5 期，《欧亚经济》）、梁亚滨的《"一带一路"的实质、风险与未来》（2016 年 9 月，《东南亚问题研究》）、储昭根的《"一带一路"倡议远忧与近虑》（2016 年 12 月 5 日，《联合早报》）、陆兵的《"一带一路"视野下的中国和中亚五国经贸合作及风险规避》（2017 年 5 月 11

日，《海外利益研究》）、中国人民大学国际关系学院中国人民大学国家安全研究院及中国海外安全研究所联合发布的《中国海外安全风险蓝皮书（2017）》、中国社科院俄罗斯东欧中亚研究所和社会科学文献出版社共同发布的《上海合作组织黄皮书：上海合作组织发展报告（2017）》等。其中：

丁志刚、刘领平在《"丝绸之路经济带"建设面临的境外挑战分析》中指出，由于客观环境的复杂性，"丝绸之路经济带"建设必然在实施过程中面临着一系列风险与挑战。从目前来看，"丝绸之路经济带"建设主要面临着宏观、中观与微观三个层面的风险与挑战。

何茂春、张翼兵在《新丝绸之路经济带的国家战略分析》中认为，未来"丝绸之路经济带"在建设过程，在一些关键的节点上如果拿捏不好，有可能难以实现预期的效果。一是制度化建设上能否处理好两个平衡关系：主权让渡与不干涉内政原则的平衡；缺乏主导国与推进制度建设之间的平衡。二是道路等基础设施的建设规划选择需要充分考虑地理环境带来的技术因素以及经济效益与政治协调。三是能否成功消解一些人为的障碍。

中国与全球化智库（CCG）研究员储殷认为，"一带一路"面临五大风险。其一，地区动荡、战乱与恐怖主义等安全风险，将成为中国企业走向"一带一路"必须高度重视的头等大事。其二，政权变更、领导人更迭、民主化运动与民族分裂等政治风险将成为中国企业投身"一带一路"所必须高度重视的长期风险。其三，由"一带一路"国家的经济波动而带来的经济风险，是企业投身"一带一路"必须注意的现实风险。其四，由于"一带一路"国家的法律环境而带来的法律风险是企业投身"一带一路"所必须高度警惕的陷阱。其五，由于宗教、文化的差异带来的社会风险是企业投身"一带一路"所必须考虑的风险。

北大中国宏观经济研究中心主任卢锋强调，"一带一路"面临如下困难：第一，共建"一带一路"会始终面临如何处理与大国关系的难题。第二，如何处理沿线小国关系也会面临复杂难题。第三，工程与项目实施层面会有更多困难与风险。第四，企业自身如何把握好经济效益与社会责任关系，做到技术过硬、管理到位、效益良好、美誉度高，将是决定未来成败的关键。第五，如何正确看待实施"一带一路"倡议与国内深化改革推动体制转型关系也可能存在认识风险。

中国国际问题研究院"一带一路"研究中心副主任李自国认为，"一带一路"风险可划分成两大类：一是政治、安全风险，沿线一些国家政治经济发展模式并未定型，存在诸多不稳定因素；二是经济活动本身的风险，特别是基础设施等大项目所需资金巨大，投资与收益之比需审慎考量。

山东省社会稳定研究中心研究员范磊在其发表的《软公共产品与"一带一路"的未来》一文中认为，"一带一路"倡议以推动交通设施建设等硬公共产品的生产和落实作为首要考量的议程设置在实施中可能会遇到较大阻力，因为沿线国家和地区在对华关系、区域安全局势、国内政治秩序、社会发展模式以及历史文明轨迹等多个方面存在着多元多样的复合属性，很难用单一的思路来推动。

学者李明从全球风险治理角度指出，"一带一路"沿线国家近十年来面临的风险有以下特点：一是风险形式复杂多样；二是风险因果相互关联；三是风险损失程度大、危害面广；四是国家治理能力弱化。

全国人大常委会委员、外事委员会主任委员傅莹2015年7月出席新加坡某工商论坛时发表演讲《"一带一路"挑战中的挑战：信任、风险和市场》，指出实现亚欧互联互通面临许多需要重视的具体问题和挑战：首先，增进了解和信任；其次，要妥善应对安全和其他风险；其三，最终还是要由企业和市场决定什么该做，什么不该做。

社科院张洁主编的《中国周边安全形势评估（2016）"一带一路"：战略对接与安全风险》中指出，"一带一路"建设安全因素主要涉及几个方面：其一是整体框架的安全因素；其二是"一带一路"所涉及的地区、国家存在"三股"势力，会对建设进行破坏，让在建和建成的项目（包括人）成为被攻击的对象；其三是资本投入的安全与收益回报，特别是基础设施的建设，需要巨额投入，收益回报周期长，容易发生违约。

社科院的孙力认为，中国在与中亚对接合作中存在五个方面的问题：一是地域局限；二是政策不稳；三是市场有限；四是规划差异；五是融资依赖。

中央党校国际战略研究院副研究员梁亚滨认为，作为一个宏大的计划，从经济发展和地缘政治角度看"一带一路"倡议存在如下几个方面的风险：一是战略谋划拖累市场经济规则；二是对地缘政治风险重视不够；三是缺乏统一标准。

浙江大学非传统安全与和平发展研究中心研究员储昭根指出，"丝绸之路经济带"最大的挑战是建立在动荡和恐怖主义等全球问题多发的"破碎地带"之上，这一地带民族众多，各种宗教、教派纷繁复杂，是世界主要文明交汇与碰撞、大国竞逐的地方。质疑中国是否有能力在"破碎地带"之上推进宏伟计划？即便成功了又是否有能力把"破碎地带"之上各种动荡、威胁拒之于国门之外？在这种其他大国规避地带投资和发展合作，中国是否有赢利且收回投资的能力？

中铁资源集团总法律顾问吴青就海外基础设施投资建议关注以下问题：一是境外国家的政策风险；二是境外国家的政权交替风险；三是海外劳资问题。

华东师范大学国际问题研究所的陆钢指出，中国"一带一路"倡议的提出，标志着中国对中亚外交进入新的时期，尽管中国有着良好的中亚外交成绩单，但由于复杂的地缘政治环境以及国际形势的变幻莫测，使得中国在中亚的存在面临很多风险与挑战。在中亚的棋局中，会出现十来个相互竞争的棋手，整个中亚地区的博弈充满了各种变量。倘如处理不当，中亚可能会与中东一样成为"一带一路"的高风险区。

经济学人智库在其发布的白皮书中对可能影响到"一带一路"沿线国家的潜在风险进行举例，包括哈萨克斯坦的政治稳定性，认为广泛的民众抗议可能导致政治议程日趋民族主义[1]。

中国人民大学国际事务研究所的王义桅指出，"一带一路"是改写世界政治经济格局版图的战略，至少需要十年谋划、经营，战略风险是多重的：一是中国的战略扩张；二是美国的战略围堵；三是俄罗斯的战略猜疑；四是印度的战略不合作；五是日本的战略搅局；六是地缘政治风险美俄战略。归纳起来，跨国投资可能面临的安全风险可有四个层次：一是企业和企业经营者；二是与相关国家内部治理有关的风险；三是国家间冲突造成的风险；四是全球性问题。

---

[1]　http：//graphics. eiu. com//assets/images/public/One％ 20Belt％ 20One％ 20Road/One-Belt-One-Road-report-Chinese-Version. pdf.

中国社科院俄罗斯东欧中亚研究所和社会科学文献出版社共同发布的《上海合作组织黄皮书：上海合作组织发展报告（2017）》指出，"一带一路"在中亚地区的风险主要表现在：已经建成和正在建设的项目和劳务人员的安全问题、所在国国内形势或政策变化带来的问题。

相对国内"一带一路"研究的热闹非凡，国外智库和战略研究人员对我"丝绸之路经济带"的关注较为冷静客观。Dr. Peter Wolff 在其所著的 *China's 'Belt and Road' Initiative-Challenges and Opportunities* 中，讨论中国"一带一路"倡议面临的一些挑战，他在分析时排除了复杂的外交和安全政策考虑，从现有的区域合作计划中总结经验教训，指出中国的"一带一路"倡议必须从亚洲联通的教训中吸取经验，并关注跨境联通性的制度挑战。中国计划将部分生产基地转移到海外，需要必要的基础设施以及适当的政策吸收这些投资。除了需要关注单独的项目之外，还需要系统的政策方法。基础设施、金融市场、贸易便利化、贸易壁垒和有限的区域合作是互联互通问题的瓶颈，建立旨在促进跨区域协调以及解决合作规划和实施过程等领域协调差异的机构是一项重大挑战，当在两个或更多国家之间协调政策时容易出现问题。要想更大的收益需进一步的一体化，这需要解决贸易壁垒，如非关税措施、服务、竞争政策、知识产权保护和政治敏感商品。海关活动以及其他机构、运营商，如港口设施、运输设施、繁多的文件、移民和检疫要求以及信息和通信技术不足等都会提高跨境交易时间和成本。贸易便利化措施对于确保基础设施投资因减少与贸易相关成本而带来的利益至关重要。陆上联通性通常会有其他障碍，例如贫困区域发展或者安全的考虑。中亚经济主要是以资源为基础，贸易一体化进展缓慢，且因商品价格下降进一步受到限制。"一带一路"必须通过透明和综合的方式解决运输的清洁模式、低碳实现城市化以及在行业策略和跨国价值链中运用新技术等问题，实现经济的高质量增长。亚洲如此大的资金需求如何满足？因融资方式和制度不同，区域项目和跨国项目面临更加严峻的挑战。"一带一路"倡议的大型基础设施投资可能对金融市场产生巨大影响，这既有机遇也有挑战。① 美国卡特中心中国项目主任刘亚伟指出，"丝绸之路经济带"的最终实现，既要依赖于中国国内切实的政治经济改革，也要考虑国际环境，参与国际施政，与经济带内邻国及非邻国处理好关系的同时，也不应忽视美国因素。尽管美国不在"丝绸之路经济带"内，中美关系仍然是重中之中，加之美国自身也开展了"新丝绸之路"计划，与中国的计划有所重叠，更为重要的是，美国的号召力和影响力都不容小觑，中国与美国之间的角力很可能在丝绸之路沿线国展开。② 瑞典斯德哥尔摩国际和平研究所与德国弗里德里希·艾伯特基金会 2017 年 2 月联合发布了题为《丝绸之路经济带：安全影响与中欧合作前景》的报告，认为中国"丝绸之路经济带"倡议可能会成为亚洲经济增长与融合的基石之一，但达成这样的目标还有一条漫长的路要走。报告建议欧盟，短期来看，应于中国政府相关机构探讨"丝绸之路经济带"的短期、中期和长期安全影响，建立更稳固、更频繁的对话机制，以共享更多的"丝绸之路经济带"安全信息和风险评估；中期来看，应为"丝绸之路经济带"的参与国提

---

① Dr. Peter Wolff 著，范璐晶编译：《中国"一带一路"战略——挑战和机遇（节选）》，中国法学学术平台，发布时间：2016 年 11 月 25 日。

② 《大公财经》，《美国智库：丝绸之路经济带建设不应忽视美国因素》，2014 年 6 月 29 日。

供技术和发展安全方面的政策支持，可通过和中国利益相关方或当地民间团体协作，事先采取措施减少"丝绸之路经济带"项目带来的任何政治经济方面的颠覆性影响；长期来看，与中国、阿富汗以及其他利益相关方一起评估如何利用"丝绸之路经济带"，尤其是中巴经济走廊，来缓解阿富汗脆弱的安全形势。① 澳大利亚华人学者雪珥在其文章《"一带一路"上的政商陷阱》中列举了中方在乌兹别克斯坦投资失利的案例，指出这些案例仅仅是中国企业面向"一带一路""走出去"所遭遇的新挑战的一小部分。"一带一路"倡议在绘制了美好愿景的同时，也令中国不得不正视其蕴含的巨大风险与挑战。中亚地区不仅是中国打通欧亚大陆桥，以减少对马六甲航道的战略依赖的关键节点，也是迄今因种种原因仍有相当多的关键问题没有突破的"掐脖子"地段。从"透明国际"发布的 2014 年"腐败感知指数"（Corruption Perception Index，CPI）数据中进行提取和计算，可以发现，中亚五国作为"丝绸之路经济带"北线与中线的枢纽，其 CPI 平均得分仅为 22.8，这一得分相当于 CPI 排行榜上第 154 位（总共 175 国），绝对垫底，比全球均值低了 42.5%，比中国得分低了 36.7%，可谓是全球的"腐败谷地"。② 塔吉克斯坦经贸部经济学研究所宏观经济系主任科加曼马德·乌马罗夫表示，欧洲一体化的危机间接证明了经济全球化模式的脆弱，要警惕欧盟危机破坏"丝绸之路经济带"的建设。印度贾瓦哈拉尔·尼赫鲁大学东亚研究中心的中国问题研究教授谢刚认为，中国同印度合作是"丝绸之路经济

---

① 张快快译：《欧盟如何参与"一带一路"？欧洲智库提出十大建议》，新华网，2016 年 1 月 13 日，http：//finance. sina. com. cn/voll/2017 － 04 － 13/dec-ifyeimzx6087450. shtml，上网时间：2017 年 11 月 20 日。

② 雪珥：《"一带一路"上的政商陷阱》，商业见地网，2015 年 5 月 12 日。

带"建设计划成功的必要条件，中印不联手则丝路建不成。目前，中印在经济合作关系的互联互通已取得巨大进展，但中印在丝绸之路的互动甚少。外国智库和学者多认为，中国"丝绸之路经济带"构想宏大，需从一开始就必须考虑到沿途各国不同的历史背景、宗教信仰、民俗文化、政治制度、经济状况、地理条件的巨大差异所带来的障碍。在"丝绸之路经济带"建设上，尽管中国拥有资金优势，但恐怖主义和极端势力威胁将构成沿线安全的主要因素，而中国能否处理好与俄罗斯的关系也将影响"丝绸之路经济带"建设的前景。随着中国"丝绸之路经济带"战略不断向西推进，俄罗斯和中亚国家的关注重点将持续"向东看"，印度、伊朗、土耳其等地区性大国因"不适感"可能会做出消极反应，并将更加关注其在相应地区的影响力。

综合起来，可以看到，当前，国内外对"丝绸之路经济带"建设面临的风险研究存在以下问题：一是大而化之、笼统地谈论"一带一路"风险，对陆路和海路两条线的风险研究没有加以区分，缺乏相应的针对性。二是大多罗列式地提出风险和问题，缺乏深入的分析，也没有提出有效的对策解决方案，与实践需求还有很大距离。三是少有对某一地区、某一地区具体国家以及这个国家社会群体的情况分析，缺少对相关当事国国内民众、社会舆论、种族部落关系和文化背景的深刻认识，缺乏对地区具体建设风险和诸多细节问题的考察研究，理论多浅涉辄止，且往往流于空洞而不能解决实际问题。四是对大国、特别是美国等外部因素的影响和介入缺乏应有的重视。五是研究方法单一，以定性分析为主，定量分析较为欠缺，研究层次较低且深度不够。总体而言，"丝绸之路经济带"的研究正处于探索阶段，理论及风险研究有待进一步深入。

三、研究方法以及创新点

本书所采用的研究方法主要有以下四种：

第一，文献研究法。在研究过程中，注重收集中亚五国的政治、经济、外交、宗教、文化、社会等方面的相关资料和研究成果，对文献进行系统深入分析，把握相关资料的核心内容以及与课题的关联度。认清中亚地区的地缘位置和地缘环境，理解该地区地缘政治、社会经济、对外交往的发展变化，为"丝绸之路经济带"在中亚地区的顺利推进提供参考依据。

第二，实证研究法。着重从中国与中亚五国的经贸往来和投资建设的客观事实中取证，通过定性分析和相关数据的量化分析显示其中的规律性，尽量实现定性分析与定量分析的有机结合，突出研究的科学性和可信度。

第三，比较研究法。从美国、俄罗斯、印度、中国在中亚地区的地缘战略考量出发，对各国推出的以中亚为中心的区域一体化战略的实质、关系、区别进行比较分析，揭示其中的地缘战略竞争关系给"丝绸之路经济带"建设推进带来的风险和挑战。

第四，系统分析法。系统分析法强调大系统与子系统之间的相互作用。全书紧密围绕风险及应对这个主线，从地缘战略、政治、经济、安全、军事等方面对"丝绸之路经济带"推进过程中可能遭遇的风险进行系统分析，各方面因素相对独立又相互联系、相互作用，从不同的视角进行系统分析使研究更具现实指导意义。

本书的创新之处在于：

一是以中亚为重点，聚焦"丝绸之路经济带"风险评估，但又把其放在整个"一带一路"大背景下研究，既把陆路和海路两条线路相应地加以区分，增强研究的针对性，又不孤立地看问题，照顾到国家大战略的全局性和整体性。

二是构建了经济风险评估目标体系，集科学性与合理性为一体的风险评估衡量标准的建立有利于更加透彻清晰地评估沿线国家和地区投资环境和市场风险。

三是不仅仅局限于从经济维度研究风险，还从大战略的高度，从政治、经济、安全、民族、文化、宗教等各个方面对风险与挑战加以深入分析，且每章均就相关问题提出了操作性较强的应对措施和相关建议。

四是把地区研究和国别研究相结合，把通用分析和案例分析相结合，既深入挖掘个别国家存在的风险因素，也关照到整个地区共性存在的问题，深入探究国家与国家之间、国家与地区之间、该地区与其他地区之间彼此关系与风险产生的内在联系。

五是加强了对大国，特别是美国、俄罗斯因素对"丝绸之路经济带"影响的分析。

四、拟解决的问题

本书各章力图解决以下问题：

第一，中亚特别的地缘政治位置和大国各自的战略考量使得美俄等国纷纷推出以中亚为中心的区域一体化战略。中国"丝绸之路经济带"倡议、美国"新丝绸之路"计划、俄罗斯

"欧亚一体化"计划以及印度"连接中亚政策"等大国区域战略相遇于中亚这一狭窄的地缘政治舞台且成鼎立之势，客观上形成一种地缘战略竞争关系，如何寻求与俄美等国的利益交汇点和战略对接；如何增信释疑实现大国间的合作共处。

第二，美国奥巴马政府为确保其在亚太地区的优势地位，防范新兴经济体，特别是中国对美主导的地区秩序构成挑战，推出了"重返亚太"战略，追求战略"再平衡"。中国则着眼于国家崛起的历史方位，适时提出了"丝绸之路经济带"倡议，并成为国家大战略的重要组成部分。中美相继制定和推出体现各自战略诉求和设想，代表自身国家发展和安全利益的整体战略，客观上形成国际和地区主导权和影响力的博弈和争斗。特朗普当选美国总统后，不再使用奥巴马政府提出的"亚太再平衡"等字眼，但"亚太再平衡"并非如美某些官员所言已成过去，而是换汤不换药，相当于从奥巴马时代的"1.0版本"演进到了特朗普时代的"2.0版本"。未来，中国将如何管控中美分歧；如何化解美及其同盟体系对中国崛起进行的战略挤压；如何缓解美亚太战略以及特朗普政府日益成形的亚太新政给中国"丝绸之路经济带"建设推进带来的相关外部压力；如何对美可能的"强硬应对"进行"反向应对"。

第三，"丝绸之路经济带"经过地区也是伊斯兰极端势力猖獗地区。美国曾经发出威胁，"中国丝绸之路经济带计划的有效开展需要以稳定作为底线，而只有美国的存在可以提供这一底线。如果美国退出中亚，整个地区将变得更加动荡"。在"丝绸之路经济带"倡议实施过程中，如何看待美国以"反恐"为名在中亚的军事存在及其在地区反恐中的作用；如何加强与美在反恐信息互通、资源共享等方面的合作，妥为应对其

"两面性"；如何做好海外地区安全利益风险评估、预警和通报工作，提高境外大型投资项目安全保障能力，防范恐怖主义威胁；如何实现新疆社会稳定和长治久安，使其充分发挥"一带"建设桥头堡、核心区和通道作用。

第四，"丝绸之路经济带"计划穿越亚欧 18 个国家，其中，中亚是中国"西进"走出去的第一站，也是大国拼抢和施加影响的核心区域。当前中亚多数国家处于转型阶段，在政治民主化进程、经济社会发展、对外关系交往等方面存在诸多矛盾与问题，改革强度和国家政局存在很大的不确定性，隐藏高度不稳定因素，如何看待各国国内的诸多矛盾与问题以及由此带来的阻力和挑战；如何未雨绸缪有效防范并应对中亚国家可能出现的政局动荡对中国在当地的建设与投资带来的冲击和影响。

第五，中亚国家经济基础薄弱、市场不很成熟规范、社会波动起伏较大，中国企业在中亚的投资建设、贸易往来在成本收益、投资安全上面临较大不确定性。如何评估并排除"丝绸之路经济带"建设实施过程中市场因素风险，做好沿线国投资环境和市场风险评估；如何促成沿带国家之间道路互联互通以及排除投资、贸易、税收、准入等方面的障碍以便利经济往来；如何保持合理的目标预期与推进节奏，建立风险规避机制和必要的海外保障体系。

第六，"丝绸之路经济带"建设推进伴随着中国国家利益拓展。"丝绸之路经济带"倡议实施过程中遇到的风险，也正好是当下中国国家利益拓展中遇到的风险。正因如此，军事力量支撑国家利益拓展的一般性规律，在"丝绸之路经济带"建设推进过程中国家经济和安全利益维护上有了体现。历史规律和现实需要都告诉我们，"丝绸之路经济带"建设推进过程中，需要有军事力量为其提供必要的支撑，但是中国运用军事力量支撑国家利益拓展有自己的特殊性，中国始终坚持积极防御的战略方针，军事力量运用不以领土和势力范围扩张为目标，不谋求地区或世界霸权，在此前提下，如何看待军事力量建设和运用对"丝绸之路经济带"实施推进的支撑作用；如何筹划军事力量建设和运用，为"一带"推进过程中的国家利益拓展提供坚实后盾。

第一章

大国区域战略在中亚的竞争博弈与 "丝绸之路经济带" 战略构建

2013 年 9 月，习近平总书记出访中亚哈萨克斯坦时提出了共建 "丝绸之路经济带" （简称 "一带"）的倡议。这一 "西进" 战略构想不仅仅有在大开放中保持中国经济可持续发展的考虑，还有保证中国地缘政治安全方面的深远意义。"丝绸之路经济带" 建设的起点区域是中亚国家，起点搞好了，才可进一步延伸。中亚地区特别的地缘政治位置和大国各自的战略考量使得美、俄等国纷纷推出以中亚为中心的区域一体化战略。大国区域战略相遇于中亚这一狭窄的地缘政治舞台且成鼎立之势，客观上形成一种地缘战略竞争关系，如何寻求与俄、美等国的利益交汇点和战略对接，如何增信释疑实现大国间的合作共处考验我们的政治智慧。本章对大国中亚区域战略的实质、关系、区别加以深入分析，聚焦大国在中亚的地缘政治博弈给 "丝绸之路经济带" 建设推进带来的风险和挑战，希望引起战略界和决策层对这一问题的关注。

一、大国区域一体化战略在中亚共现交汇

除中国的"丝绸之路经济带"外，美国、俄罗斯、印度有关中亚也提出了构想宏大的区域一体化战略，欧盟、日本等国对中亚也有着自己的外交构想。如此之多的大国战略、计划设想聚集在这个世界"偏僻角落"同台竞技，使得中亚在地缘政治上显得"拥挤"异常，成为当今国际政治的一道独特景观。

目前，中亚主要的大国区域一体化战略有：

一是美国的"新丝绸之路"计划。2011 年 7 月，时任美国国务卿希拉里·克林顿在印度参加第二次美印战略对话期间发表了题为《印度与美国：展望21世纪》的演讲，第一次明确提出"新丝绸之路"计划①，即以阿富汗为中心，打造连接中亚和南亚的能源交通网络和自由畅通市场，利用国家间、地区间的优势互补，实现"能源南下"和"商品北上"。

美国"新丝绸之路"计划提出后被紧锣密鼓地摆上国际议事日程，成为各大国际会议一项重要议题。特别是俄罗斯 2012年在其"欧亚联盟"框架内提出建立欧亚经济联盟计划，中国2013 年提出"丝绸之路经济带"倡议后，美国角逐中亚的紧迫感上升，在战略收缩背景下逆势加大对中亚的投入，加快推进"新丝绸之路"计划步伐，强化在中亚的投棋布子，具体措施包括：通过阿富汗问题伊斯坦尔进程（Istanbul Process）、阿富汗区域经济合作会议（RECCA）、中亚区域经济合作组织（CAREC）等组织机制帮助消除地区国家间贸易障碍，促进地

---

① "Clinton Remarks at Anna Centenary Library", July 21, 2011, http：//www. sify corn/news/Clinton-remarks-at-anna-centenary-library-full-text-news-default-lhxuutccabc. html.

区贸易投资便利化；拉住经济发展迅速的印度，积极推动自北向南公路、铁路、电网、油气管道等基础设施和能源通道建设；加强区域合作计划对接，主张中亚区域经济合作组织与伊斯坦布尔进程形成交叉互补，建立南北向联通；推动土库曼斯坦—阿富汗—巴基斯坦—印度天然气管道和中亚—阿富汗—南亚电力网重点项目谈判等。

二是俄罗斯的"欧亚联盟"战略构想。2011年10月，普京在《消息报》发表署名文章：《欧亚大陆新一体化方案——诞生在今天的未来》，正式提出"欧亚联盟"设想。按照普京的规划，"欧亚联盟"将分四个阶段逐次实现，分别是海关联盟、统一经济空间、欧亚经济联盟和欧亚联盟[①]，即以关税同盟为基础，通过整合独联体空间多边合作，在统一经济空间范围内加深欧亚一体化进程，并在2015年1月1日前建立欧亚经济联盟，最终建立欧亚联盟。

在原苏联地区实现一体化一直是俄罗斯长期以来追求的目标。早在2000年10月，俄、白、哈、吉、塔五国成立了欧亚经济共同体[②]，推进经济人文一体化。2007年，俄、白、哈成立了关税同盟。2010年1月，正式实行统一关税税率、关税限额使用机制、优惠和特惠体系以及统一的对第三国禁止或限制进出口的商品清单。2011年12月，三国成立了欧亚经济委员会，负责调节关税同盟、统一经济空间以及建立欧亚经济联盟

---

① Владимир Путин. Новый интеграционный проект для Евразии—будущее, которое рождается сегодня. 03. 10. 2011 http：//www. izvestia. ru/news/502761.

② 欧亚经济共同体有俄白哈吉塔五个正式成员国，还有亚美尼亚、乌克兰、摩尔多瓦三个观察员国。乌兹别克斯坦于2006年加入了欧亚经济共同体。2014年10月10日，欧亚经济共同体各成员国在明斯克签署了关于撤销欧亚经济共同体的协议。2015年1月1日，欧亚经济共同所有机构的活动已停止。见商务部，吉媒体报道称欧亚经济共同体不复存在。引用日期：2015年4月3日。

等相关事宜，欧亚经济共同体的使命完成，其任务和工作转移至欧亚经济委员会。2012 年 1 月 1 日，俄、白、哈三国开始由关税同盟向统一经济空间升级。2013 年 12 月，亚美尼亚加入统一经济空间。根据"欧亚联盟"路线图，俄力主制定了与关税同盟和统一经济空间相配套的国际条约，清除影响关税同盟和统一经济空间运行的障碍性因素，为 2015 年 1 月 1 日欧亚经济联盟全面启动提供法律保障。2014 年 5 月 29 日，俄、白、哈三国总统在哈首都阿斯塔纳签署《欧亚经济联盟条约》，宣布欧亚经济联盟将于 2015 年 1 月 1 日正式启动。目前，欧亚经济联盟成员国有五个，分别是俄、白、哈三个"创始国"和亚美尼亚、吉尔吉斯斯坦。[①] 曾经的欧亚经济共同体成员乌兹别克斯坦和塔吉克斯坦对加入欧亚经济联盟持保留态度。

三是印度的"连接中亚政策"。长期以来，印度虽有与中亚国家发展双边关系的愿望，但受自身实力、现实环境、印巴纷争、大国竞争等因素的制约，和中亚之间始终未能建立起一种真正具有重大战略价值的合作关系。近年来，随着周边安全形势演变，特别是中国和中亚在能源、安全、贸易等诸多领域展开合作，印国内呼吁政府调整中亚政策的声音增多。印智库"印度世界事务委员会"（ICWA）顺势发起"印度—中亚对话"机制。2012 年 6 月，首次"印度—中亚对话"在吉尔吉斯斯坦首都比什凯克举行，印高调宣布其"连接中亚政策"（CCAP）[②]，呼吁建立大学、医院、合资商业企业、促进贸易和

---

① 2015 年 1 月 2 日，亚美尼亚正式加入欧亚经济联盟，8 月 12 日，吉尔吉斯斯坦加入欧亚经济联盟。

② Jyoti Prasad Das, "India's 'Connect Central Asia' Policy", October 29, 2012, http://www.foreignpolicyjournal.com/2012/10/29/indias-connect-central-asia-policy/#.UzqYgB-HNu70.

旅游，在防御与安全事务领域加强合作。印"连接中亚政策"的出台折射出强烈的政府意愿，反映出印在重新连接中亚这一"延伸的邻国"上表现出越来越大的兴趣。

此外，尽管美国的"新丝绸之路"计划为印度的"连接中亚政策"提供了便利条件，美国也对印度在"新丝绸之路"计划中发挥中心作用寄予厚望，但印度最大的顾虑是"新丝绸之路"计划需要巴基斯坦的支持与合作。为降低对美"新丝绸之路"计划的依赖和风险，印度还寻求重新激活经过伊朗的"北南运输走廊"①以实现与中亚国家的联通。截至 2012 年，"北南运输走廊"有 16 个国家参与项目，其中包括所有的中亚国家。

二、中亚何以成为大国竞相涉足的"热土"和敏感区域

大国同在中亚推动区域整合，反映了各国对中亚的重视和这一地区的特殊重要性。中亚地处亚洲内陆，封闭落后，政治混乱，但却"对于欧亚大陆西部和东部的国家，以及最南部地区那个人口众多、有意谋求地区霸权的国家来说，都有潜在的重大意义"②。

首先，中亚位于亚欧大陆结合部，自古就是东进西出和南

---

①　该运输走廊计划将印西海岸港口和伊朗的阿巴斯港和查赫巴尔港连接起来，货物通过铁路运输运送到伊在里海的港口，然后再通过海路和阿塞拜疆陆路进入中亚国家、俄罗斯和北欧地区，计划自 2000 年提出以后一直进展缓慢，资金迟迟不能到位，特别是由于处在计划核心位置的伊朗态度消极，项目几乎陷入瘫痪。

②　[美] 兹比格纽·布热津斯基：《大棋局：美国的首要地位及其地缘战略》，上海世纪出版集团，2007 年版，第 27 页。

下北上的必经之地，是贯通欧亚大陆的交通枢纽。

古代的丝绸之路途径此地，今日的欧亚大陆桥横贯其中。如果说在欧亚大陆之上对世界领导权的争夺从未停止过，那么对于中亚的争夺也由来已久。历史上，俄罗斯、土耳其和伊朗每一个国家都曾在某个时期成为中亚地区政治或文化上的主导国家。苏联解体后，中亚出现"权力真空"，地处俄罗斯、中国、印度、伊朗等大国包围之中的中亚自然具有了"战略缓冲地带"的特殊意义，并成为世界地缘战略竞争的重要区域。

其次，这里是大国潜在的经济目标。

中亚集中了巨大的天然气、石油储藏和丰富的矿产资源。据估计，整个中亚地区蕴藏着285亿吨石油和8万亿立方米天然气。其中，世界十大油田中有两大油田位于哈萨克斯坦境内。哈萨克斯坦石油已探明可采储量约为23亿至36亿吨，预测储量约为70亿至120亿吨；天然气储量约为2.5万亿立方米。土库曼斯坦则有"中亚科威特"的美誉，天然气远景储量为22.8万亿立方米，占世界储量的四分之一；石油预测储量为120亿吨。乌兹别克斯坦石油预测储量约为53亿吨，天然气预测储量为5万亿立方米，黄金储量占世界第4位，铜的储量占世界第10—11位，铀的储量占世界第7—8位。[1] 随着世界能源消费的急剧增加，受地缘经济利益的驱使，得到其资源分享其财富成为各方寻求的目标。这个目标激起了民族的野心，引发了集团的兴趣，重新挑起历史上关于归属的争端，唤起了帝国的理想，同时也激化了国际的争夺[2]。

---

[1] 军事科学院世界军事研究部：《中亚军事基本情况》，军事科学出版社，2007年，第8—9页。

[2] ［美］兹比格纽·布热津斯基：《大棋局：美国的首要地位及其地缘战略》，上海世纪出版集团，2007年版，第102页。

　　第三，中亚敏感的位置及潜在的脆弱状态一直吸引、诱使着外界力量的入侵，曾经运用国家力量和影响在此地区获得地缘政治优势的国家受历史推动力的驱使，现在仍然试图以不同的方式和渠道在中亚展开角逐。中亚独特的地缘政治地位和丰富的能源资源折射出巨大的战略价值，吸引着各大力量纷纷进入这一地区，并基于不同战略利益、战略目标展开大国博弈。

　　中亚是俄罗斯的传统势力范围，苏联解体后，俄罗斯仍将整个原苏联空间看作是对自己有着特殊地缘战略利益的区域，为确保在中亚的地缘战略优势，俄罗斯不断调整中亚战略，加大对中亚国家的关注和投入力度。普京拟以中亚独联体国家为突破口，陆续吸收蒙古国、土耳其、越南等国加入其欧亚联盟体系当中，使俄罗斯发挥连接欧亚纽带作用的同时，把"欧亚联盟"打造成世界格局中举足轻重的一极，与中、美、欧四分天下。外界普遍认为，"欧亚联盟"设想体现了普京的勃勃野心和强势外交，吹响了俄推动欧亚一体化的新号角。

　　美国虽然与中亚相距甚远，但获取中亚地区资源，维护自身日益增长的经济利益，在后苏联空间保持欧亚大陆地缘政治的多元化，阻止俄罗斯或某个国家单独主导中亚地缘政治空间是其利益所在。"9·11"事件后，美国以"反恐"之名出兵阿富汗，向中亚地区这个俄罗斯传统势范围渗透挺进。然而用时十年，美以极大代价认识到，单纯使用武力或以军事手段并不能解决阿富汗甚至地区恐怖主义问题，阿富汗的政治未来和地区的持久稳定与阿富汗和整个地区的经济社会发展密切相连。阿战久拖未决，美财政捉襟见肘，民众厌战情绪日盛，加之来自国内政党选举和总统大选的压力，让美政府不得不反思一直以来实行的"阿巴战略"，并迈出区域战略调整的重要一步。2011 年 6 月，奥巴马在白宫发表电视讲话，正式宣布美撤军阿富汗"三步走"安排①。"新丝绸之路"计划的提出是美总结阿富汗反恐战争经验教训，因应美在阿"后撤军时代"困境所做出的战略转变之举，标志着美中亚反恐战争从单纯注重军事战略，依靠自身力量和北约伙伴转变为军事战略与经济战略并重，并开始借助地区国家力量，在强化阿枢纽作用，增加包括阿在内相关国家经济机会的同时，实现美对地区合作和发展进程的主导权，遏制中俄伊朗。

印度介入中亚相较美俄来说不很深入，但它对中亚可能发生的事情不可能无动于衷。通过连接中亚的油气管道建设从中获益，扩大在中亚的政治影响获得地缘战略纵深，是其抗衡巴基斯坦，应对中国影响的必然考虑。

三、大国中亚区域战略的差异及中国"丝绸之路经济带"建设面临的阻力与挑战

应该看到，各国中亚区域一体化战略虽然都以经济为基本形式和内容，但由于由不同大国主导，带有不同的大国印记和鲜明的政治分野，体现着各国的战略谋划，并在具体目标设置、功能定位、发展程度、机制性质上存在实质性差别。

俄罗斯"欧亚联盟"的目标是在经济上形成超国家共同体，同时形成某种政治联合，最终成为国际政治中的一极②；

---

① "Full Speech: Obama on Alghanistan Troop Withdrawal". ABC NEWS. June 22. 2011, http://abcnews.go.com/Politics/transcript-obama-afghanistan-troop-withdrawal-full-speech/story? id_ 13906420.

② Владимир Путин. Новый интеграционный проект для Евразии — будущее, которое рождается сегодня. 03. 10. 2011, http://www.izvestia.ru/news/502761.

美"新丝绸之路"计划意在依靠当地国家，以推动具体经济项目的方式，实现美在中亚地区遏制、整合与塑造三重战略目标，即遏制俄罗斯、伊朗以及中国，整合包括中亚国家在内的前苏联国家进入西方政治、经济与价值体系，塑造中亚国家的发展方向及其地缘政治环境；印"联接中亚政策"的主要目的在于通过在中亚方向针对性投入足够政策资源，提高印在中亚的存在，拓展利益空间，抗衡中国影响，同时对中国形成挤压和遏制。"欧亚联盟"启动最早，初期目标已经实现，目前处于实现中期目标的阶段；"新丝绸之路"计划正在缓慢推进，距离目标尚有距离；"连接中亚政策"则面临巴基斯坦难题，加之受地缘政治、交通与能源成本等因素制约，实施难度较大。"欧亚联盟"在联盟之内实施统一经济政策，对联盟之外的国家形成界限，具有排他性；"新丝绸之路"计划也具有排他性，但有其特定目标，即对抗中俄伊朗对中亚的影响，且这种排他性主要表现在地缘政治方面。美并不排斥中俄两国的经济参与，但对于伊朗，美则在政治上、经济上均将其拒之门外；"连接中亚政策"主要囿于中亚和南亚国家之间开展"联通"项目，并且或多或少需要借助和倚靠美国。

　　"丝绸之路经济带"与美俄等国的区域一体化战略不同，它旨在促进欧亚国家经济联系更为紧密、相互合作更为深入、发展空间更为广阔①，"一带"构想是以"五通"为内容的创新合作模式，是"一个包容性的巨大发展平台"，既保留了自身发展的各种可能性，在政治上也没有强烈的挑战性。但是，不可否认，大国在中亚一体化方式、理念上的差别，会让中国

---

　　①《习近平：弘扬人民友谊共创美好未来》，新华网，2013年9月8日，http：//news. xinhuanet. com/mrdx/2013-09/08/c_ 132701741. htm。

遭遇前所未有的阻力。

中俄是"好邻居、好伙伴"，但俄罗斯对中国这个"经济巨人"在其传统势力范围内的崛起还是有所顾虑；美国对中国在中亚推动互联互通、帮助阿富汗融入地区经济的努力表示赞许，但对中国在中亚地区的"经济扩张"不无担忧；印度正处于崛起之中，不仅对中亚有自己的想法，对我"一带"可能带来的地区秩序重构充满警惕，这些都可能成为未来中国推动中亚经济一体化的障碍。

目前来看，中国"丝绸之路经济带"的倡议推动在中亚主要会面临如下挑战：

一是如何处理中美之间的竞合关系。美国"新丝绸之路"计划以建立地区间贸易、交通和能源通道为重点，为中国推动"西进"构想提供了契机，但同时亦带来复杂影响。首先，政治上，美通过实施其"新丝绸之路"计划扩大地区存在，实施民主化渗透，扶植亲美政权，对中国与地区国家关系造成冲击，不利中国提升政治影响力，可能加大中国维护西部周边稳定的难度。其次，经济上，美推进中亚能源、资源、市场南向发展，推广美式标准规则，与中国争夺合作主导权，可能影响地区国家与中国合作意向，与中国推动项目形成竞争。再次，军事上，美在阿富汗甚至地区谋求军事存在，无疑增加中国西线战略压力，干扰地区安全合作。可以说，中美在中亚地缘政治关系、经济实力比拼、政治理念影响、合作机制依托、周边关系发展等方面均形成竞争态势，两国在中亚的竞合时代已经来临。

二是如何化解俄罗斯对中国的疑虑之心。当前，俄欧亚经济联盟的核心区域是苏联解体后成立的"独联体"国家，主要集中在中亚五国，这就使得中国倡导的"丝绸之路经济带"与俄"欧亚联盟"在中亚地区"不期而遇"。毫无疑问，俄方对中国"势力"进入自己传统"势力范围"存在疑虑。首先，担心对俄在中亚的特殊地位和优先利益造成冲击。俄罗斯一直把中亚地区看作是自己的前店后院，对这块儿前势力范围始终存在"支配权观念"，不希望看到地区外势力在自家"围墙"以外的兄弟国家施加影响。任何一股势力进入中亚都是俄罗斯不愿意接受的事实。其次，担心削弱俄罗斯与中亚国家的经贸关系。截至 2013 年，中国是哈萨克斯坦第二大贸易伙伴国，是塔吉克斯坦的第三大贸易伙伴国。① 最近两年，随着中国与中亚五国经贸往来日益密切，加之受世界能源价格持续下跌等因素影响，俄罗斯对中亚贸易回落不少，与中国和中亚五国的贸易额差距拉大。最后，担心中国与中亚五国的经济一体化影响俄"欧亚联盟"在中亚的推行，阻碍俄最终构建政治、经济、军事一体化"欧亚联盟"大战略目标的实现。因此，如何在与中亚国家的具体合作中顾及俄的传统影响；如何避免与俄主导的欧亚经济联盟产生正面利益竞争；如何巧妙利用"中国投资"建设经由中亚和俄罗斯进入欧洲的陆路；如何在"上合组织"和"亚信会议"框架下寻求"一带"倡议与"欧亚联盟"战略在中亚的利益契合点是中国在"丝绸之路经济带"推进过程中必须要面对和思考的问题。

三是如何提升政治互信促使中印走向务实合作。印"连接中亚政策"出台反映了印度对中亚越来越大的兴趣，除了获取能源资源、扩展商贸机会、应对恐怖主义等非传统安全威胁、

---

① 钟四远：《中国中亚共圆梦想》，《人民日报》，2014 年 2 月 7 日。

开展军事安全领域合作、扩大武器贸易市场的目的外，缓解中国和中亚各国关系深入发展对印度造成的战略压力，"平衡"中国在中亚地区影响力的提升，防止中国影响力范围在中亚的进一步扩大，继而连接阿富汗和巴基斯坦，对印度西部和西北部构成包围是其主要考虑。印度对与中亚实现互联互通有宏大愿景，但对中国提出的"一带"倡议则回应谨慎，防范心态极为明显。印对中国疑虑既有传统对外政策、民族心理的因素，也有对主导地区既有合作机制等的现实考虑。印将以何种方式应对"一带"倡议，其主要政策选择如何，对地区合作将会产生何种影响，如何提高中印之间的政治互信和务实合作，都需中国加以关注。

四、大国中亚战略关系形态的发展与前景

随着中国"丝绸之路经济带"倡议的提出，美国"新丝绸之路计划"的范围亦有所拓展。2013 年 10 月，美助理国务卿特蕾西（Lynne M. Tracy）在关于"新丝绸之路计划"的一次讲话中表示，该计划的目标不仅是把中亚、阿富汗、南亚连接起来，而且要把它一直通向东亚、中东和欧洲。① 而在此前的美国官方表述中，其"新丝绸之路计划"从未走得如此之远。与此同时，俄罗斯"欧亚联盟"也在迈出更大步伐，影响远达南亚、东南亚和西亚。早在 2013 年 4 月，俄罗斯开始与

---

① Lynne M. Tracy, Deputy Assistant Secretary, Bureau of South and Central Asian Affairs, "The United States and the New Silk Road", October 25, 2013. http：//www. state. gov/p/sca/rls/rmks/2013/215906. htm.

越、印讨论两国与海关联盟建立自贸区的问题。[①] 2013 年 10 月，土耳其表示希望加入海关联盟。[②]

那么，拥有不同背景的大国区域战略究竟能否实现合作共存，是不是只会对抗排斥？

从推进形式上看，大国战略都以经济合作为基本内容，项目之间相互交错，这削弱了彼此反对的理由；从实践需要上看，任何一国都难以单独完成整合中亚经济和社会发展的任务，实现地区力量平衡而非一国垄断地区事务成为各国中亚战略追求的主要目标；从主观愿望上看，大国都有避免直接对抗的主观意识；从现实情况上看，大部分中亚国家在几大国战略中穿梭往来，同时扮演着角色；从沿革背景上看，中国与中亚在地理上接壤接近，俄罗斯在中亚经营已久，中俄在中亚的构想并不突兀。美国虽与中亚相隔万里，但藉由阿富汗战争的特殊机缘驻足中亚，并投入巨大的政治和物质力量，亦成为对中亚最有影响的大国之一，其为解决阿富汗问题提出"新丝绸之路"计划也有前因后果。印度则历史上和中亚在文化、经贸、安全方面就有着密切联系。

由此看来，大国中亚战略虽在区域上重合存在一定竞争，但性质上属于软性隐形非不可调和，还是有可能和平共处并行不悖的。未来，竞争性和融合性并行可能成为大国中亚一体化战略的呈现特征，竞争、共处、有限合作可能将成为大国基本关系形态，这为中国运筹"丝绸之路经济带"建设提供了可

---

① Индия и Вьетнам хотят в Таможенный союз. http://takie.org/news/indija_i_vetnam_khotjat_v_tamozhennyj_sojuz.

② Станислав Тарасов, Казахстан поможет Турции вступить в Таможенный союз? 28 октября, 2013. http://rus.ruvr.ru/2013_10_28/Kazahstan-pomozhet-Turcii-vstupit-v-Tamozhennij-sojuz-2867/.

能性。

中亚对中国我维护战略机遇期具有特殊价值，中国亦进入推行"丝绸之路经济带"倡议、扩大对中亚地区影响的关键时期。当前，中亚多元化战略格局已经形成并不可逆转，随着中美俄等大国中亚战略的发展推进，在经济层面可能出现更多交叉融合，在地缘政治方面的竞争性亦会有增强趋势，未来关系形态是趋向合作还是走向对立，取决于各国区域战略优劣势的对比与相互转化，取决于多种复杂利益因素的相互作用，如何规避战略执行风险直接决定"一带"建设的成败得失，尤其值得深入思考。

五、对大国中亚竞争博弈下推进
"丝绸之路经济带"的思考

中亚沿线地区地缘政治关系错综复杂，是政治博弈的敏感区域，世界大国纷纷加大对这一地区的战略投入，增加了中国进入的掣肘因素。可以说，"丝绸之路"是一个多边角力的舞台，要想从中取胜，需未雨绸缪，积极应对。

（一）秉持全新的外交理念，妥善处理大国关系

中国应准确把握"丝绸之路经济带"建设的指导思想和总体要求，坚持正确的大局观和利益观，遵循开放包容、互利共赢、多元平衡的外交思维和理念，努力构建相互尊重、互不冲突、互不对抗、开展对话与合作的新型大国关系。

美国因素是构建"丝绸之路经济带"过程中必须面对且绕不开的结。为不断积累战略主动，不断缩小美国霸权对中国安

全与发展利益的损害，引导中美关系的发展方向，在未来较长时期里，需以"合作性制衡"为基本方针发展对美关系。因为没有合作的制衡，将激化中美之间的对抗；而不以制衡为内容的合作，将导致单方面妥协，严重损害国家利益。在构建"丝绸之路经济带"中，这一设想适应于处理与美方的关系。一方面，在"丝绸之路经济带"建设过程中必须充分考虑美国的政治影响，利用各种双边或多边机制与其保持有效沟通，及时阐释我方合作共赢、和平发展的主张，着力扩大两国利益交汇点，探索新的合作空间，把中美合作与"丝绸之路经济带"建设相结合，争取在中亚甚至整个亚太地区形成良性互动格局；另一方面，密切跟踪美国的"新丝绸之路"计划实施进展情况，因势利导，趋利避害，妥善处理和应对中美之间的分歧与摩擦，对其损害中国利益的行为坚决斗争，有所作为。

俄罗斯是中国最重要的全面战略协作伙伴，是中国推进"丝绸之路经济带"建设不可或缺的重要一环。应高度重视并加强与俄方的政策沟通和战略协调，做好宣介和增信释疑工作。抓住当前俄方对中国倚重加大的有利时机，固化共识，加强两国经贸关系，深化双方协作。使"丝绸之路经济带"与俄方主导的"欧亚经济联盟"相互补充、相互促进、共同发展。通过"中蒙俄经济走廊"把"'丝绸之路经济带'同俄罗斯跨欧亚大铁路、蒙古国草原之路倡议进行对接"[①]。积极参与俄远东和东西伯利亚开发，将俄罗斯贝阿铁路与西伯利亚大铁路的现代化同我"丝绸之路经济带"通道建设有机结合，实现协调发展。进一步加强中俄在能源资源、基础设施、装备制造、军

---

① 《习近平出席中俄蒙三国元首会晤》，http：//news. xinhua net. com/world/2014 - 09/11/c_ 1112448718. htm，上网时间：2017 年 11 月 20 日。

工等领域合作，调动俄罗斯参与"丝绸之路经济带"建设的积极性，努力消除中国对外经济合作中来自俄方的阻力。

作为中国在亚洲最大的邻居，印度对中国既有防范，也有期待。应树立中印是竞争对手，是合作伙伴，但绝对不是敌人的观念。深化中印之间战略性与合作性的伙伴关系，加大做印度工作的力度，顾及印方心理舒适度，努力消除中印之间一直存在着的互信"赤字"，将印度纳入地区繁荣的区域合作框架，在尊重彼此利益的原则下加大中印务实合作。

（二）创新对外经贸能源关系，加大沿线国家对我需求

少数沿线国家从实用主义出发，在大国之间搞"平衡"，对中国抱以既合作又防范的矛盾心态，带来很多不确定性。中国应以高层互访为引领，加强与沿线国家的政府间合作，构建双边为主、多边为辅的政府间交流机制。突破与中亚国家传统的以贸易、资源和能源输送为主的经济关系结构，帮助有关沿线国家开展交通、电力、通信等基础设施规划，建设资源加工业、加工制造业、服务业、金融业，提出一批能够照顾双边、多边利益的项目清单，抓住关键的标志性工程，聚拢地区国家合作热情。协调好国内与国际、短期与长期、局部与整体利益关系，束紧利益纽带，构建基于共同利益的"命运共同体"。要有战略耐力和韧性，讲究交往艺术，与沿线国家不断磨合以推进务实合作，塑造中国负责任大国的形象，打消其对中国战略意图的怀疑。重视舆论宣导，积极开展公共外交，完善对外交流平台，加强人脉和民心工程建设，培养沿线国家知华友华力量，消除"中国威胁论"的舆论空间，筑牢"丝绸之路经济带"建设的民意基础。

（三）筑牢实力基础，加强战略控制力

中国在将国际竞争置于国际合作这一基础框架之下，坚持走和平发展道路，不断拓展国际合作广度和深度的同时，应划定国家在核心利益与重大利益方面的安全底线，保持忧患意识、风险意识和攻坚意识，加强包括军事能力在内的综合实力建设，提升引领和塑造周边的能力，真正具有确保"丝绸之路经济带"成果，维护中国正当权利的战略控制力。为此，要加强西部相关战区国防力量建设，包括增强跨境行动能力，以提高战略威慑力；要进一步发挥好上合组织的作用，加强与中亚国家军事交流与合作，争取推动建立联合反恐共用军事基地、紧急情况下对中国开放领空和通道等；要在经济与交通"走出去"的过程中，结合重大基础设施建设，在争取所在国支持前提下，在沿带适当位置进行必要战略预置。与此同时，对"丝绸之路经济带"建设实施过程中可能遭遇的困难和问题要备有预案，以便将风险或损失降至最低，在国际合作竞争中赢得主动。

第二章

美国亚太战略与"丝绸之路经济带"的对冲风险及应对

中国提出"丝绸之路经济带"倡议之际，正值美国奥巴马政府强力推行"亚太再平衡"之时。2008 年全球金融危机爆发之后，亚洲在全球经济格局中崛起。2010 年，亚洲占世界经济的比重上升到 27.4%，首次超过北美的 25.8% 和欧盟的 25.9%，成为全球最大的地区经济板块，其中又以中国的经济发展最为瞩目。一直以来，防止亚洲有任何大国控制地区资源，最终威胁美在该地区盟友甚至自身安全是美在亚洲的核心目标，然而崛起中的中国在印度—亚洲—太平洋地区（印亚太地区）的行为是否会对现有国际秩序构成挑战却日益让美国感到焦虑，并开始保持高度警惕①。出于对亚太地区事务和未来发展方向的高度关注，对自身可能在该地区被边缘化的深刻担忧，奥巴马政府推出了"重返亚太"战略，追求战略"再平衡"。2013 年，中国着眼于国家崛起的历史方位，适时提出了

---

① Ashley J. Tellis, "The United States and Asia's rising giants", Strategic, Asia, p. 5.

"丝绸之路经济带"倡议，并与"21世纪海上丝绸之路"一起，共同构成国家大战略的重要组成部分。中美相继制定和推出体现各自战略诉求和设想，代表自身国家发展和安全利益的整体战略，客观上形成国际和地区主导权和影响力的博弈和争斗。2017年特朗普上台后，美新政府的亚太新政引人关注。未来，中国将如何管控中美分歧，化解美及其同盟体系对中国崛起进行的战略挤压，缓解特朗普政府日益成形的"印太"政策给中国"丝绸之路经济带"建设推进带来的相关外部压力，如何对美可能的"强硬应对"进行"反向应对"必须成为应有之义。

一、亚太政经格局变化与美国"再平衡"战略的提出

（一）美国"再平衡"战略提出的背景

2012年6月，美国防部长帕内塔（Leon Panetta）在新加坡举行的第11届"香格里拉对话"上发表演讲，使用"再平衡"一词对美国亚太战略做出全面阐释。① 此后，美国多管齐下，在军事、经济、外交等方面高调推进该战略，"再平衡"一词也频繁在美官方文件、主流媒体以及智库报告中出现，其

---

① 从2009年美国提出"重返亚太"，到2011年11月10日，美国国务卿希拉里·克林顿在美国夏威夷大学的东西方中心发表演讲，提出亚太地区将是美国今后外交战略的重心，21世纪将是美国的"太平洋世纪"，再到之后的"战略转身""再平衡"，一系列概念的出台标志着美国亚太战略调整的逐步深化。

含义涵盖了美亚太战略调整的多个领域。[①] 美国推出"亚太再平衡"是多种因素驱动的结果,同时遵循着美固有的认识逻辑。

2008 年是国际政治经济发展一个重要分水岭。全球金融危机带来国际政治经济格局特别是亚太权力格局变化和地区秩序调整:在经济领域,美国等西方经济遭受重创,国家综合实力和国际影响力降低,一超多强格局开始松动。金融危机后,美国 GDP 占全球份额从 1/3 下降到 1/4,国内经济形势不佳,通胀率上升,失业率居高不下,政府减赤减债任务艰巨,国防开支也被迫相应削减。欧洲则深陷债务危机无法自拔,社会矛盾加剧,颓势明显。与此同时,中国等新兴市场国家继续保持迅猛的发展势头并在全球经济治理中的地位稳步提升,亚洲日益成为世界经济的重心。在军事领域,亚太的军事重要性持续上升。亚太地区拥有七支世界上最大常备军,五个有核国家,美国五大盟友——日本、韩国、澳大利亚、菲律宾、泰国也位于该区域。[②] 近年来,亚洲国家防务开支持续增加[③],特别是"中国军队正在发展的包括'反介入/区域拒止'(A2/AD)以及核、太空及网络战能力在内的破坏性军事技术,不仅正在改变地区军事平衡,而且蕴含超越亚太地区的后果"[④]。在安全领

---

① Mark E. Manyin, Stephen Daggett, Ben Dolven, Susan V. Lawrence, Michael F. Martin, Ronald O' Rourke, Bruce Vaughn, "Pivot to the Pacific? The Obama Administration's 'Reblancing' Toward Asia," http://www.fas.org/sgp/crs/natsec/R42448.pdf.

② Samuel J. Locklear III, Commander U. S. Pacific Command, "The Asia Pacific 'Patchwork Quilt'", Remarks Delivered at Asia Soci-ety, December 6, 2012, http://asiasociety.org/policy/strategic-chal-lenges/us-asia/admiral-samuel-j-locklear-iii-asia-pacific-patchwork-quilt.

③ "Asia Defense Spending May Surpass Europe's This Year", Defense News, March 7, 2012.

④ Office of the Secretary of Defense, Military Power of the Peo-ple'sRepublic of China 2009, March 24, 2009, p. I.

域，亚太地区存在着恐怖主义、大规模杀伤性武器扩散、边界和海洋争端、朝鲜半岛局势等多样复杂的传统安全与非传统安全威胁，安全局势面临很大的不确定性。

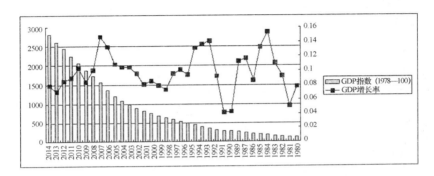

中国历年 GDP 指数和 GDP 增长率（1980—2014 年）

数据来源：国家统计局：历年《中国统计年鉴》，中国统计出版社。

在美国看来，一个欣欣向荣又充满未知的亚太地区，无论从机遇性还是挑战性来说，都关系到美国"权势"的未来。对美国和美军来说，一个不可逃避的现实是"美国未来的繁荣与安全系于自西太平洋、东亚延伸至印度洋、南亚的弧形地带推进和平与安全的能力"①，"只有美国实力的普遍存在和优越性，才能够建立地区秩序"②。

随着伊拉克战争终结，阿富汗战争即将结束，考虑到国际力量对比变化、地区经济安全形势以及美国国内现实状况，为更好地应对亚太处于动态中的军事力量平衡和持续出现的军事和安全威胁，防范崛起大国，特别是中国对美国在亚太地区的

---

① Leon E. Panetta，"U. S. Naval Academy Commencement"，May 29，2012.

② 布热津斯基在美国《外交》杂志 2012 年 1 月、2 月号文章。

传统优势和主导地位构成挑战，保持美亚太战略的可持续性和创新性，在全球战略收缩背景下整合资源加大对亚太地区的战略投入——"重返亚洲"（第二次世界大战以来，美国一直就是亚洲的一部分，其在亚洲的利益和影响力从来就没有离开过），实施"亚太再平衡"成为美国的必然选择。

（二）美国"再平衡"战略的主要内容

美国"亚太再平衡"包括两个独立进程：一是将美国的战略资源从世界其他地区转向亚洲，即从欧洲、中东撤军，以便释放新的能力，使之配置到亚太地区，实现地理上的"再平衡"；二是在亚洲内部实现"再平衡"，即将主要集中于东北亚地区的军事部署扩展到亚洲其他分散的重点区域，以实现美国亚太防务态势"地理上更分散、行动上更顽强、政治上更可持续"①，从"亚太亚洲"（Asian-Pacific Asia）向"印度—太平洋亚洲"（Indo-Pacific Asia）扩展②。

具体来说，美国"再平衡"包括三个方面：

第一，外交领域的"再平衡"：巩固同盟关系，拓展伙伴关系。一是强化与传统盟友的双边关系，包括高度重视美日、美韩等同盟关系，将美日同盟视为 21 世纪地区安全与繁荣的基石，将加强美韩同盟列为美外交工作一项重点目标，大力提

---

① Richard Weitz, "Pivot Out, RebalanceIn," May 3, 2012, http：//the-diplomat. com/2012/05/03/pivot-out-rebalance-in/ "Robert M. Gates, Secretary of Defense, Remarks Delivered at Shangri–La Hotel, Singapore", June 5, 2010, http：//www. defense. gov/Speeches/Speech. aspx? SpeechID = 1483.

② David Scot, t "The 'Indo-Pacific'-NewRegional Formula-tions and New Maritime Frameworks for US-India Strategic Conver-gence", Asia-PacificReview, Vol. 19, No. 2, 2012, pp. 88 – 91.

升澳大利亚在美同盟体系中的地位，致力为美菲同盟关系注入新的活力等。二是发展与印度、越南、缅甸等国的伙伴关系，更加重视发展与东南亚国家、特别是中南半岛国家的合作往来，通过"巧实力外交""前沿部署性外交""价值观外交"拓展与"异见"政权接触机会，将其作为美实现"再平衡"进程中地区权力天平上的重要砝码，借以平衡抵消中国力量的增长，构筑由美国主导的亚太地区均势。

第二，经济领域的"再平衡"：构筑亚太经济合作新架构。由于担心亚洲出现以中国为核心将美排除在外的一体化进程，挑战美制定并主导的贸易秩序，美国积极与区域内国家发展双边和多边自由贸易区，着力推动"跨太平洋伙伴关系协定"（Trans-Pacific Partnership Economic Agreement，简称 TPP）谈判，以图深度介入亚洲经济，按照美国标准和方式建立跨太平洋区域合作新模式①。TPP 最初源于新西兰、新加坡、智利和文莱四国发起的多边自由贸易协定，美国并不是首倡者，但由于自身实力强大，参与 TPP 后很快在其架构中处于绝对优势，并使这一协定发生了质的改变，TPP 的游戏规则被美重新定义，并成为其"重返亚太"的经济战略支点。从 TPP 涉及的国家来看，12 个亚太经合组织国家是中国重要的出口市场和外资来源地，截至 2012 年，中国对 TPP 十二国的出口额达到出口比重的 35.7%，来自十二国的外商投资占中国利用外资的 13.3%。从 TPP 规则制定来看，其对成员国的准入门槛高于其他自由贸易区协定，具有强烈的排他性和政治色彩，在政府采购、劳工权益、国有企业、知识产权等新规则和新标准上中国

---

① 盛斌：《美国视角下的亚太区域一体化新战略与中国的对策选择》，《南开学报（哲学社会科学版）》，2010 年第 4 期，第 72—73 页。

很难在短期内达到并参与其中。之后，TPP 参与各国围绕自身利益关切争论不休，谈判完成也一拖再拖。直到特朗普上台，宣布退出 TPP。

第三，战略与安全的"再平衡"：强化亚太军事存在。美国加强在亚太地区的军力部署，加大与周边国家进行联合军演和军事交流的频度和力度，实现亚太地区美军在数量和质量上的"再平衡"。按照规划，美海军60%的战舰2020年前将部署到亚太地区，改变长期以来美国海军力量在大西洋和太平洋均衡分布的状态，太平洋地区日常执勤舰只数目也将增加20%，从目前的50艘增加到60艘[1]；美空军近60%的F－22战斗机也将部署在亚太地区[2]；美陆军包括阿富汗战事结束后划归太平洋司令部的美陆军王牌部队第一军及更多的特种兵7万余人也将部署到亚太地区[3]。另据其他相关双边协议，美将在新加坡部署多达4艘濒海战斗舰（Littoral Combat Ships），美海军陆战队进入澳大利亚达尔文港，更多军舰和飞机将部署在菲律宾，驻冲绳的一部分美军将转移至关岛。2012年以来，美在中国周边积极参与双边和多边军事演习，包括美泰"金色眼镜蛇"、韩美"关键决心"、美菲"肩并肩"以及美与多国参与的"环太平洋"联合军演等。

---

① Jonathan Greenert, "Sea Change: The Navy Pivots to Asia", Foreign Policy, November 14, 2012, http: //www. foreignpolicy. com/articles/2012/11/14/sea_ change? page = full.

② Michael B. Donley, Secretary of the Air Force, "Air Force To-day and the Asia-PacificRebalance", Remarks Delivered at Air ForceAssociation Global Warfare Symposium, November 16, 2012, www. af. mil/shared/media/document/AFD－121120－017. pdf.

③ "Ashton B. Carter, Deputy Secretary of Defense, Remarks De-livered at Duke University", November 29, 2012, http: //www. defense. gov/transcripts/transcript. aspx? transcriptid = 5158.

二、美国对"丝绸之路经济带"的质疑、抵制和"再平衡"效果评估

（一）中美围绕亚投行筹建等融资机制展开的斗争博弈

2013 年 9 月，习近平主席在哈萨克斯坦纳扎尔巴耶夫大学提出"丝绸之路经济带"构想。2014 年，中国"丝绸之路经济带"已经由倡议阶段进入到实际推进阶段。为促进亚洲区域的互联互通建设和经济一体化进程，打破亚洲基础设施建设资金瓶颈，加强中国及其他亚洲国家和地区的合作，亚投行和丝路基金先后成立。2014 年 10 月 24 日，包括中国、印度、新加坡等在内的 21 个首批意向创始成员国的财长和授权代表在北京签约，宣布成立亚洲基础设施投资银行（AIIB，简称"亚投行"）。12 月 29 日，丝路基金有限责任公司在北京注册成立并正式开始运行[①]。

亚投行和丝路基金可以说是为"一带一路"量身打造的新兴多边开发金融机构[②]，两者均以国际标准建立，与传统的世

---

　　① 丝路基金是由中国外汇储备、中国投资有限责任公司、中国进出口银行、国家开发银行共同出资，依照《中华人民共和国公司法》，按照市场化、国际化、专业化原则设立的中长期开发投资基金，重点是在"一带一路"倡议发展进程中寻找投资机会并提供相应的投融资服务。首期资本金 100 亿美元中，外汇储备通过其投资平台出资 65 亿美元，中投、进出口银行、国开行分别出资 15 亿、15 亿和 5 亿美元。见人民银行：《丝路基金起步运行》，中国政府网，2015 年 6 月 6 日。

　　② 金砖国家新开发银行和上海合作组织开发银行也属于新兴多边开发性金融机构。金砖国家新开发银行（BRICS Development Bank）建立于 2015 年，位于上海，创始成员国为金砖五国，投资关注重点为金砖国家。上海合作组织开发银行于 2014 年正式进入议事程序，目前仍处于前期筹备过程中。上海合作组织成员国和观察国密集分布在"丝绸之路经济带"的重要通道上，上合组织将为"丝绸之路经济带"战略的开展提供重要的机制支撑和保障，成为"丝绸之路经济带"建设中发展规划和机制对接的重要平台。

界多边金融机构①、国内政策性银行和商业银行以及进出口信用保险为代表的辅助机构一起，为"一带一路"倡议提供融资服务。自 2013 年中方提出组建亚投行建议以来，由于美国担心中国倡导的亚投行打着"亚洲合作"的旗号，构建新的国际经济规则和信用体系，冲击由美主导的以世界银行（World Bank）、国际货币基金组织（IMF）和世界贸易组织（WTO）为支柱的国际金融秩序以及以亚洲开发银行为平台的亚洲金融格局，挑战美对国际经济规划的话语权和主动权，颠覆美全球金融霸权，因而对 AIIB 抱有强烈警惕和戒心，对亚投行如何运行存在疑虑，不仅表示反对，而且通过政治手段和外交途径游说盟友和伙伴国抵制参与，试图限制其有效性。在美看来，亚投行无疑是中国扩大势力范围的地缘政治工具，它的成立和组建是与世行和亚开行等展开竞争的蓄意之举，亚投行很难达到世行和亚开行在避免腐败、环保、保障工人权利等方面所适行的标准和规程，既无必要搞，又不一定能搞得好。美国彼德森国际经济研究所的报告就指出，"亚投行问题是 21 世纪世界经济领导地位竞争的前哨战"。美智库米塞斯研究所则认为，"奥巴马一直与这个亚投行做斗争，生怕会导致去美国化，并且担心这个机构某一天会与世界银行和国际货币基金组织竞争。"然而，中国主导的亚投行吸引了越来越多国家加入，意

---

① 主要为世界银行和亚洲开发银行。世界银行是世界银行集团的简称，成立于 1945 年，1946 年 6 月开始营业，由国际复兴开发银行（IBRD）、国际开发协会（IDA）、国际金融公司（IFC）、多边投资担保机构（MIGA）和国际投资争端解决中心（ICSID）五个成员机构组成。其中，国际复兴开发银行是"一带一路"融资的主要渠道。2016 财年，欧洲和中亚资金流向在世界银行中的占比约 15%。亚洲开发银行（ADB）创建于 1966 年 11 月 24 日，总部位于菲律宾首都马尼拉。亚行 68 个成员国中 48 个来自亚太地区。中国于 1986 年 3 月 10 日加入亚行，按各国认股份额，日本和美国并列第一位（15.60%），中国居第三位（6.44%）。日本和美国在亚行都是第一大出资国，拥有一票否决权。

向创始成员国达到 57 个，其中不乏像英国、澳大利亚这样美国的追随者，以及一直配合美"重返亚太"的菲律宾①。正如经济学家温伯格所称，美国更愿意看到其主导的世界银行在主权融资的低成本开发贷款方面，保持垄断优势，然而渴求贸易的欧洲人意识到，"丝绸之路"是一个涉及亚洲和非洲主要新兴市场的双向线路。美国有线电视新闻网更是指出，随着欧洲在"亚投行"问题上的跟从，中国"似乎已经获得了重大胜利"。显然，为"丝绸之路经济带"提供金融支持的亚投行的凯歌高奏使美感到其 TPP 难以着力，而菲律宾在 TPP 上的"闪退"以及欧亚盟友纷纷"倒戈"向亚投行靠拢的行径更让美国酸楚懊恼。在组建国际融资平台这个问题上，中国从之前的规则遵守者、参与者到成为制定者，让美满怀忧虑，心有不甘。尽管美财政部长雅各布·卢在 2015 年 3 月底作为奥巴马特别代表访华时一再表示"欢迎中国在基础设施建设方面发挥更大作用"，但直到亚投行申请的大门关闭，也没等来美国回心转意。

亚投行的筹建由"平静"开始到日趋"热闹"，折射出中国在推进丝路建设过程中与美国在国际金融"秩序""规则""标准"制定上的战略博弈。而美对亚投行的质疑和抵制集中反映了美国对整个中国"丝绸之路经济带"建设的态度。历来美国几乎在所有它没能参与的国际组织和国际行动中，都会扮演捣乱的角色。只要它起不了主导作用，甚至只要它不是发起人，它就会给你捣乱。② 尽管美认为中国"丝绸之路经济带"

---

① 《日本经济新闻》2015 年 3 月 31 日报道，菲律宾贸易与工业部长多明戈于 30 日表示，总统阿基诺领导的现政权已经明确放弃加入 TPP 的方针，与之相反菲律宾却加入了亚投行。

② 乔良：《"一带一路"要考虑军事力量走出去问题》，《国防参考》，2015 年 4 月。

建设面临着恐怖主义和极端势力威胁、多方参与积极性以及地区大国可能的消极反应等问题而前景不明，但是基于对中国崛起和中国"一带"倡议的判断，以及考虑到美在中国"一带"倡议所涉及的中亚、俄罗斯、中东等地长期以来拥有重要的战略存在和外交运筹，维持对中国的战略压力，规制和迟滞中国发展成为美国的不二之选。

面对中国"丝路"融资平台亚投行的顺利推进，美智库纷纷出台报告，为"再平衡"的"强力推进"做充分的智力准备①，美国政府和军方也采取了一系列政策行动，包括外交出访和联合军演等。在亚太地区，中美战略博弈持续走高，两国海、空军事力量在西太平洋的接触急遽增多。随着 2015 年美国国内是否将中国定位为主要战略对手的讨论尘埃落定，美国借南海问题、东海问题、朝核问题，加速了以美日同盟为核心的亚太盟国体系的现代化与网络化，虽然从整体看，依旧还是主打"军事""经济""盟友"三张牌，并没有太大新意，但美一系列有针对性的动作无疑展现了美国亚太战略的决心与意志，表明美国仍存在寻求绝对安全的冲动，希望利用选择性的制度安排与强化排他性的同盟关系，来搅动并掌控亚太地区局势，对冲中国"丝绸之路经济带"建设推进。

---

① 布鲁金斯学会 2014 年初发布《大赌注和黑天鹅：外交政策简报》，将"重返亚太""再平衡"列为"强力推进"（Double Down）项目；新美国安全中心（CNAS）在研究报告《成本增加战略》中提出，奥巴马政府应在亚太地区主动提高竞争成本，以此配合"重返亚太""再平衡"的进展。兰德公司报告《美国陆军在亚洲：2030—2040》则论证了较长时间框架内美国持续推进亚太"再平衡"，将主要陆军军力部署调整至亚太的必要性。战略与国际问题研究中心（CSIS）报告《亚洲的联盟防御》则强调美国应通过"重返亚太""再平衡"，与地区盟国构建联合防御体系，以应对地区不断上升的各类安全挑战。

（二）美国"亚太再平衡"面临的制约因素和效果评估

中国旨在通过"丝绸之路经济带"和平突破美"亚太再平衡"这一"战略紧身衣"，由近及远地构筑涵盖大周边的区域性政治安全经济网络[①]；美国奥巴马政府则通过"亚太再平衡"构筑由美主导的"亚洲网"，并企图用这张网阻滞中国构建连接东西方"中华经济圈"的努力。习近平主席强调"亚洲要迈向命运共同体，开创亚洲新未来"；美安全战略报告却声称，"美国的领导力是确定该地区长期发展轨道所必需的"，"美国曾是太平洋的权威，美国也将作为权威继续留在下来"。尽管奥巴马政府千方百计地试图通过"再平衡"维护亚太霸权，强化治下地区秩序和规划体系，推动亚洲局势朝着符合本国利益的方向发展，但是由于面临复杂因素制约，其"重返亚太"的"再平衡"战略显然并未如其构想的那样凑效。

首先，国内问题与国际挑战交织，牵制了美国战略重心的东移。美国处在恐怖主义和大国政治同时成为国家安全威胁的世界当中，面临"伊斯兰国"（ISIS）组织、"俄罗斯的侵略"以及"印度的潜力"等挑战[②]，尽管奥巴马政府的"再平衡"战略雄心勃勃，但西面中东地区，"ISIS"、乌克兰危机一直牵动着美国神经；东面亚太地区，在实力相对收缩的情况下美国对亚太的实际投入能力受国内资源和经济状况的制约，使其在

---

① 张洁主编：《中国周边安全形势评估（2015）》，社会科学文献出版社，2015年版，第232页。

② 2015年2月6日，在美国白宫发布《2015年美国国家安全报告》中奥巴马政府判断，中国的崛起与印度的潜力、俄罗斯的侵略一起，共同构成影响未来大国关系的重要因素。"战略环境捉摸不定"，"国家之间力量更加充满变数"，亚洲地区安全局势已经发生了重大变化，大国政治卷土重来。

"保证亚洲盟友安全"上的行动力和执行力都大打折扣。

其次，别国与美利益诉求不完全同步，难以对美亦步亦趋。印度有独立的战略文化和安全诉求，主张按照自己的节奏参与印美合作，以避免美国的亚太战略对亚洲均势格局带来冲击，难以完全支持美国的"再平衡"；东盟整体上对美心态复杂，并不想丧失地区主导权而无条件加入美国的 TPP 计划，反而更加接受中国的"10＋1"模式；越南期望借助美国在南海问题上平衡中国，但对美国在人权、民主等问题上对越的"和平演变"保持清醒和警惕；美传统盟国则注重从国家现实利益出发，从中国经济发展中获利，因而更倾向于独立解决对华关系问题。美国的盟国和中国周边国家在安全上渴望依托美国，但在经济上又重视并期待与中国合作，没有任何一个国家希望面对中美对抗，维持一种微妙的平衡成为这些国家的"理性"选择。

第三，在诸多地区和全球重大问题上美需要中国的合作，无法放手对中国全面围堵。尽管中国崛起的确是美推行"亚太再平衡"的重要考量因素，但其主要目的，还是以此应对变化中的国际和地区力量格局，并在新的国际秩序建立过程中占据主动。面对中国崛起的不争事实，奥巴马政府也意识到，"在一个相互关联的世界，没有美国的参与，任何全球性的问题都不能得到解决，而能由美国单独解决的全球性问题也寥寥无几。"在应对恐怖主义、朝核问题、网络安全、气候变化等诸多安全威胁上，无论是美国还是整个西方联盟，既无法独自解决，更无法单纯依靠军事手段解决，尽管美仍保有强大的实力，但"美国的资源和影响力也不是无限的，有时必须做出艰难的选择，必须防止做出决定时出现自不量力的倾向"①。中美之间"一荣俱荣、一损俱损"的经济关系，以及内有政治分裂，外有与盟国纷争，且与伊斯兰世界陷入所谓"文明的冲突"的"残酷现实"是美国必须面对的。在新的时代条件下，大国竞争犹如"戴着镣铐的舞蹈"，受到诸多条件限制。在霸权相对衰落时期，如何通过议程设置、规则安排、制度塑造主导亚洲政治经济发展走向，进一步提升区域影响力，遏制潜在挑战者；如何约束中国，促使中国尽可能以国际社会能够接受的手段追求国家利益，实现和平崛起是最为务实的政策选择，而采取对抗性战略全面遏制或围堵中国，强行阻止中国的正当利益诉求显然并不是明智之举。

美国实力与抱负之间存在的差距使得竞争与合作并存成为奥巴马时期中美关系的常态，又接触又防范两面下注成为当时中美关系的显著特征②。尽管美国"再平衡"强化战略同盟所采取的一系列大幅度外交军事动作在中国周边热点区域激起一连串事态，给中国外交带来严峻挑战③，但最终都被中方妥为化解。美国意图通过 TPP，将中国排除在外，稀释中国竞争力的企图也以失败告终。④ 可以说，奥巴马政府试图以"再平衡"对冲中国"西进"和"丝绸之路经济带"的企图落空，

① 2015 年 2 月 6 日，美国白宫发布的《2015 年国家安全战略》。

② 2015 年 2 月 6 日，美国白宫发布的《2015 年国家安全战略》。"美国与中国发展建设性关系给两国人民带来好处，并促进亚洲和世界各地的安全和繁荣；美国与中国虽然会有竞争，但是我们认为不一定发生对抗。"

③ 美国霍普金斯大学著名学者兰普顿曾就中美关系予以悲观描述，指出尽管美中关系也有一些进展，但是整体上正在朝着一个不可取的方向发展，以积极为主的美中关系的一些关键的根本性支持受到侵蚀，美中关系的临界点正在接近。见 2015 年 5 月 13 日，《环球时报》，《社评：兰普顿对中美关系的悲观值得重视》。

④ 2017 年 1 月 23 日，美国总统特朗普签署行政命令，决定退出跨太平洋伙伴关系协定（TPP）。

"再平衡"的效果并不尽如美意。①

三、特朗普亚洲政策走向及亚太
安全局势可能面临的新挑战

鉴于奥巴马政府的"再平衡"战略在实施过程中暴露出越来越多的问题，对美亚太政策进行新的评估和调整既是形势的需要，也是特朗普施政理念的必然。特朗普在就任之前与上任之初，主张重新思考盟友对美国的贡献，重新评价 TPP 对美国的作用，重新定位与亚太主要大国关系，主张遵循"美国第一"的原则，重新思考自身政策与战后美国亚太政策的连续性和断裂问题。美国国务院代理助理国务卿董云裳（Susan Thronton）在谈到美国新政府亚太政策时表示，特朗普政府可能有新的方向。目前，特朗普政府在亚太及对华政策上尚给人以模糊、片断及不确定的印象，但是，毫无疑问，特朗普当选总统将会给美国"再平衡"战略带来显著的"形式"变化，随着时间的推移和沉淀，其亚太政策的初步轮廓和细节将会逐渐显

---

① 以丝路基金和亚投行推进情况来：2015 年 12 月 14 日，丝路基金与哈萨克斯坦出口投资署签署框架协议，出资 20 亿美元建立中国—哈萨克斯坦产能合作专项基金，成为丝路基金成立以来设立的首个专项基金。目前，除了哈萨克斯坦，丝路基金参与投资的项目还涵盖了"丝绸之路经济带"上的巴基斯坦、俄罗斯、阿联酋、埃及、意大利等国家，投资领域包括能源、化工等。2015 年 12 月 25 日，亚洲基础设施投资银行正式成立。2016 年 1 月 16 日至 18 日，亚投行开业仪式暨理事会和董事会成立大会在北京举行。截至 2016 年 9 月底，亚投行一共公布参与投资建设两批 6 个项目，项目贷款额总计 8.29 亿美元，涉及孟加拉国、印度尼西亚、巴基斯坦、塔吉克斯坦和缅甸五个国家，涵盖能源、交通和城市发展等领域。另据英国《金融时报》1 月 24 日报道，2017 年将有大约 25 个非洲、欧洲和南美国家加入由中国主导的亚投行，这增强了中国推动全球方程的决心。亚投行行长金立群 23 日表示，成员国增加将有利于扩大这个规模为 1000 亿美元的多边组织的贷款。2016 年 11 月，《人民日报》援引金立群的话说，美国的立场可能在软化，特朗普团队的官员不赞成当时美国政府拒绝加入的做法。

现。特朗普政权如何定位亚太在美国全球战略中的位置、如何改变美国的亚太政策方向、如何塑造亚太秩序问题，将成为影响乃至解决亚太地区诸多问题方程式中的一个最重要的变数①。

（一）当前亚太地区形势和美国内对"再平衡"政策的反思

"再平衡"战略是美国全球战略收缩的一个结果，也是对"东亚崛起"所做出的安排，有直接针对中国的意图，对于日本、俄罗斯等大国、东南亚的一些小国都有多层次"平衡"的动机，但是其能否持续取决于美国的实力、意图、意志和耐心，取决于美国和亚太"两个变化"的较量。奥巴马任内后期，中美两国综合国力差距逐渐缩小，中国通过经贸往来和外交策略巩固并扩大了在东南亚国家的影响，东盟更多地"围着北京转，远远超过围着华盛顿转"②，马来西亚、泰国、越南等东南亚国家尽管在不同程度上欢迎美国在这一地区的存在，但都不希望过于紧密地配合美国的亚太战略，亚太多数国家开始对美"再平衡"战略的目的和能力持怀疑态度。2014 年，泰国发生军事政变，率先拉开了与美国的距离。尔后，政权更迭之后的菲律宾改弦更张，与中国重新走在友好合作的路上。

尽管根据华盛顿智库战略与国际研究中心（CSIS）对美国智库、学者、社会精英以及前政府官员进行调查显示，90% 的被访者认为美国应该向亚洲"再平衡"，也就是说奥巴马政府

---

① 张玉国：《特朗普政权与美国亚太再平衡战略》，《东北亚论坛》，2017 年第 2 期。

② 科尔本：《杜特尔特美中政策核心给东盟增添不确定性》，见刘用柱：《特朗普政府亚太政策展望》，《当代世界》，2016 年第 12 期。http：//www. aisixiang. com/data/103717 - 2. htmlvoachinese. com/a/duterte-us-china-policy-20161025/3566055. html.

的"亚太再平衡"战略在美国是有广泛共识的，但据民调显示，美国民众对奥巴马政府在外交、安全及反恐政策上的表现持有负面评价，这三个政策议题上的不满意者分别为52%、58%及54%，而满意者仅分别为34%、34%及40%。特朗普团队主要的政策发声人、美国加州大学欧文分校教授彼得·纳瓦罗（Peter Navarro）和另一位政策顾问亚历山大·葛瑞（Alexander Gray）在《外交政策》上联合发表署名文章《特朗普的亚太政策前景：实力促和平》（Trump's Peace Through Strength Vision Of the Asia-Pacific），其中认为，奥巴马的"亚太再平衡"战略之所以成效不彰，就在于过于软弱、虚多实少，雷声大、雨点小，美国军队手里只拿着一个小棍子。美智库进步中心（The Center for American Progress）中国政策主任韩美妮（Melanie Hart）指出，美中关系以及美与亚洲其他国家的关系构成"再平衡"战略的两面，但奥巴马政府显然没有处理好两者之间的关系，这两方面没有以应有的频率或深度在中间交汇，而是在不同的轨道上发展并且相互拉扯甚至矛盾和冲突，这导致"再平衡"战略在对中国的遏制，对保障美国的国家安全与利益并无助益，更不利于向亚太地区国家发出一致的声音，如何把二者结合起来，提高一个层次，建立一个连贯而统一的亚太政策，成为摆在美国新政府面前的艰巨挑战。①政治学者车维德（Victor Cha）则强调，地区实力的改变、新威胁和挑战的出现使得亚洲需要一个新的安全架构。显然，特朗普对多边机构的猜疑以及他不愿意承担集中式领导者所必须

---

① 莉雅：《中美学者：美下届政府需要重新审视其亚洲政策》，见刘用柱：《特朗普政府亚太政策展望》，《当代世界》，2016年第12期。http://www.voachinese.com/a/us-chinese-scholars-20161027/3568913.html.

付出的说服、补偿支付和组织成本，导致一个新安全架构的建立更加紧迫。

（二）特朗普对美"再平衡"战略的转变与重塑

美国总统大选，特朗普上台。从"特朗普现象"到"特朗普冲击"，特朗普的思维方式决定其在国家利益界定、地区战略优先度考量、秩序塑造方式以及治理理念等问题上与前任奥巴马都有不同的理解和考虑。"亚太再平衡"的战略框架是多元的、多边的，这在更倾向于双边主义或单边主义的共和党和特朗普看来，目标并不明确且相互影响。目前，特朗普虽没有明确提出放弃"亚太再平衡"，但"亚太再平衡"战略既不符合特朗普的理念，也不符合他们对美国资源与目的的评估。特朗普上任后执政百日，出台和采取了一系列新的政策措施：

第一，政治方面。一是强化双边盟国关系，维持以美国为中心的盟友"辐射体系"。奥巴马任内，亚太局势因南海、东海、朝核以及台湾问题暗流涌动，大国战略博弈加剧的现实成为唐纳德·特朗普上任后必须面对的外交难题，而着力安抚亚太盟友、重申美国对他们的安全承诺是特朗普上任后亚太政策的第一步。特朗普当选后，其通话的第一位外国领导人是韩国总统朴槿惠，接待的第一位外国领导人是日本首相安倍晋三。在和二人通话和会面时，特朗普均表示与盟友的关系是美国亚太政策的基石。美国国防部长马蒂斯上任后将外访首站定在韩国，2017年3月美国国务卿蒂勒森开启首次亚洲之行，也都"反映了特朗普政府对亚太地区的高度重视"。从美国新政府在亚太的第一波外交动作看，美将继续加强对中国周边国家特别是东北亚国家的"统战"力度，向亚太盟友表明美国"强有力和积极介入亚洲"的决心和"坚如磐石的承诺"，同时强调盟友支付"军事存在"费用的公平性，鼓励盟国加大对美国的"贡献度"。相对于奥巴马政府注重多边同盟关系，特朗普政府更倾向于通过强化双边同盟维系，集中实力和影响，建立以美国为中心向外辐射而又彼此相互联系的盟友体系，协调行动和累积资源，实现对盟国的最大化控制。二是在中美关系上强调建立"以结果为导向"的建设性双边关系。奥巴马执政后期，美国执意在韩国部署"萨德"导弹防御系统，这种打破地区战略平衡的一意孤行开弓没有回头箭，为特朗普政府上台后的中美关系蒙上阴影。美国负责亚太事务的代理助理国务卿董云裳表示，美方期待与中国发展一个有建设性关系的同时，还将力求与中国构建一个"以结果为导向"的关系，这也是当前美国亚太政策的重要一环。备受瞩目的习特会虽无具体的条约和共同声明，但双方就中美关系是世界上最重要的双边关系达成默契，两国元首也结下了私人友谊，这对美国能够在双方共同利益基础之上考虑对华关系可能有所助益。三是东北亚成为特朗普上台后亚洲政策关注重点。鉴于中菲关系的改善以及2016年7月之后中国与东盟的务实管控给南海局势带来的行之有效的"降温效应"，特朗普政府在对外政策和亚洲政策上难以从一开始就在南海问题上发难，也难以迅速将南海问题列为亚洲政策的优先事项。在中东、拉美和对非洲外交上短期内很难有所斩获的情况下，特朗普政府将朝核问题作为任期第一年的外交要务。近年来，朝鲜在导弹发射上变得毫无顾忌，不断挑战美国的底线。特朗普显然厌烦了了无休止的桌面议事和"战略忍耐"，转而向朝鲜展示美国的决心和意志，摆出不惜一战的架势：美军举行了史无前例的大规模半岛演习，在阿富汗投下了毁灭地下设施的超级炸弹，陆续向北驶来三支航母编队。最终，朝鲜的核试验没有依惯例进行，美咄咄逼人的气势似乎取得了成效，朝核问题好像又回到了原点和旧有的轨道。

第二，经济方面。2017 年 1 月 23 日，上台后的特朗普签署行政命令，宣布退出 TPP。对于特朗普的这一决定，美国盟友和国内不乏反对的声音。显然，对于日本而言，TPP 不仅是区域经济一体化问题，更是日本追求国际话语权和影响力、制衡中国的重要工具和载体，是日本参与制定另一套国际准则的"重头戏"。日本首相安倍晋三在某新闻发布会上就回应："没有美国，TPP 没有意义。"新西兰总理约翰·基则表示，TPP 协议是美国在亚太地区领导力的体现，如果美国在这一区域缺席，这个位置也必须被填满，而且将被中国填满。美国参议院财政委员会前主席马克斯（Max Baucus）在 2017 博鳌亚洲论坛"大选后的美国"分会场表示，美国退出 TPP 是个巨大的地缘政治错误，是一场灾难，因为它导致了某种势力上的真空，会使越南等亚太国家更难抵御中国经济的力量。但与此同时，马克斯认为，在贸易方面，美国新政府还会重新引入像 TPP 这样的协定，会重新进行谈判，也许会拿出来一个特朗普版的 TPP。

从奥巴马政府酝酿推动签署多边自由贸易协定到特朗普政府决定更加注重一对一的双边贸易协定谈判，正如特朗普宣布退出 TPP 之后白宫发言人斯派塞所言，美国退出 TPP 这个措施将迎来美国贸易政策的新时代。美国退出 TPP 改变了全球对国际贸易发展趋势和以中美为首的贸易博弈可能的预期，未来特朗普政府出台怎样的全球贸易措施来维护美国在亚太乃至国际社会上的利益尚待观察。

第三，军事方面。早在竞选期间，特朗普就发表演讲，透露了详细的"重建军备计划"，誓言要通过"无可置疑的军事实力"来阻止冲突。特朗普声称，将要求国会全面停止国防预算减支，增加军费支出，增加战机和军舰采购，扩大陆、海、空军和海军陆战队规模，比如陆军将从目前的不足 50 万人增加到 54 万人，海军水面军舰数量从 276 艘增至 350 艘，战斗机数量从 1113 架增至 1200 架。[①] 除了宣称要重振美国军力，特别是重建海军军备，重获美国海军在亚太地区的卓越能力，让盟友相信美国将继续长期承担亚洲自由秩序保护者的角色，特朗普还表示，美将发展先进导弹防御系统，对网络防御能力进行全面检查并查找通信系统、关键基础设施存在的所有漏洞。

（三）特朗普的亚太战略及其亚洲政策的日渐成型

奥巴马政府的"重返亚洲"或"亚太再平衡"战略，实质上是自冷战结束以来美国亚太政策的延续。[②] 历届美国政府对亚太地区的重视，都说明了这一地区对美国而言至关重要，在政治、经济、安全等领域对美国具有不容忽视的影响。特朗普上台后，其亚太政策调整同样会遵循美国对外战略调整的历史轨迹，即在保持美国亚太政策连续性的基础上对"亚太再平衡"做出评估调整。特朗普政权如何对待"再平衡"战略，不但关乎奥巴马这一重要"政治遗产"的命运，也涉及美国对亚太的战略定位，更涉及美亚太治理方式的再调整。美国战略

---

① 《奥巴马要裁军 特朗普：当选就扩军！涨军费！》，观察者网，2016 年 9 月 8 日。
② 尼克松被称为是美国第一位太平洋总统。20 世纪 80 年代，里根总统第一次明确提出美国"重返亚洲"政策。冷战结束后，克林顿政府提出了"新太平洋共同体"的构想。

与国际研究中心总裁兼首席执行官何慕礼（John Hamre）谈到特朗普政府即将对亚太政策进行的评估时认为，美国下届政府会对奥巴马政府的亚洲政策进行战略评估。但是，这个评估不会导致"亚太再平衡"政策的翻转，甚至会强化奥巴马政府2011年底、2012年初得出的结论——美国"亚太再平衡"政策的真正意义在于：在350年的时间里，美国第一次把亚洲作为它的第一优先地区。目前看，特朗普本人和共和党高层在未来美国亚太政策方向上的基本共识，是要以特朗普的方式继续强化美国在亚太地区的实力和存在，如保留其中最符合自己战略的军事"再平衡"的一些举措。① 但对奥巴马"亚太再平衡"某些方面的放弃并不意味着美国从"重返"转向"退出"，非但如此，特朗普政权可能会继续伸张"重返"的战略意义。特朗普的国防事务顾问，参议院军事委员会的成员杰夫·塞申斯（Jeff Sessions）和众议院军事委员会海上力量和部队投放小组委员会的主席兰迪·福布斯（Randy Forbes）也坚信，特朗普的亚洲政策将仍然涉及某种形式的"转向太平洋"。

　　2017年11月5日，特朗普开启首次亚太之行，其以"亚太"为名的新亚洲战略呼之欲出，却依旧内涵模糊。一方面，特朗普强调所谓的"自由、开放的印度洋—太平洋"。另一方面，特朗普批评所谓的不公平贸易，坚持缔结双边贸易协议，而绝不会"再进入一个困住我们双手，牺牲我们主权，努力做一些看上去有意义但实际是不可行事情的大型协定"。② 早在10月18日，美国国务卿蒂勒森在华盛顿智库战略与国际问题

---

　　① 安刚：《盘古智库"新一届美国政府内外政策展望——美国当选总统特朗普候任观察报告"》，第六章"美国当选总统特朗普候任期观察报告（之三：亚太政策、对华关系）"。

　　② 特朗普在岘港Apec的演讲全文，2017年11月10日。

研究中心（CSIS）发表演讲，称包括整个印度洋、西太平洋沿岸的所有国家的印度洋—太平洋地区将是 21 世纪全球最重要的部分。美国需要加强与印度合作，以确保印太地区是一个日益和平、稳定与繁荣的地方，以使它不成为一个混乱、冲突和掠夺式经济的地方。蒂勒森一方面强调需要加强与印度的合作，另一方面指责中国在该地区采取所谓的"掠夺式经济"。而就在特朗普出访亚洲前夕，白宫国家安全助理麦克马斯特（Herbert R McMaster）也明确表示，特朗普此行着眼的三大目标之一，就是要推动建设自由开放的印度—太平洋地区。至此，美国政府开始使用"印太"的说法取代"亚太"，并在这一地区展开了一系列密集的外交活动。然而，正像美国专家指出的那样，所谓的"印太战略"并非什么新鲜概念，并没有跳出美国与亚洲接触的传统框架。美国不会离开亚太，只是在考虑以"一种不同的方式"与该地区国家展开接触。纽约大学政治学教授雷爱华（Ivan Rasmussen）认为，特朗普与奥巴马的亚太政策可能并没有太大区别。"转向亚洲"作为一个政策名称已经结束，但是可能并不意味着政策本身的结束。华盛顿智库新美国安全中心亚太安全项目高级主任帕特里克·M. 克罗宁（Patrick M. Cronin）11 月 11 日在《外交官》（THE DIP-LOMAT）杂志撰文指出，特朗普的亚洲五国之行标志着美国"后转向亚洲"战略的开始。他此前表示，特朗普政府印太战略的核心是与中国的长期性战略竞争，尤其是在经济领域。特朗普政府的政策主旨是，在以往美国政府维持与深化像与韩国和日本这些我们最好、最强劲的同盟关系的基础上，把它们扩展到新的伙伴，尤其是印度，因此称为印度—太平洋战略，并试图通过长期的竞争和平衡力来应对亚洲出现的权力扩散。复旦大学美国研究中心主任吴心伯也认为，特朗普政府的"印太战略"，在某种意义上与奥巴马的"亚太再平衡"的思路是一样的。就是在从西太平洋到印度洋，监视中国的海上活动，以及在战略上加强对中国的制衡，"特朗普有可能把对华政策上升到更大的框架下，就是印太战略，以制衡中国为主。"①

无论如何，在经历了几十年的政策延续后，美国对华政策可能开始进入变动期。特朗普亚洲战略的核心内涵可能会与奥巴马总统的"再平衡"战略有所不同，但毫无疑问，"亚太再平衡"政策不会被彻底翻转，还会以另一种形式继续发展，不管特朗普政府未来亚洲政策是否冠以转向亚太或"亚太再平衡"，美国对亚太地区的重视程度不会发生明显的变化，美既不会放弃亚太战略的基本架构，更不会实质性改变美国在亚太的前沿部署和同盟体系，美国在亚太的战略投入力度不会因政府更迭弱化或逆转，甚至可能会继续强化在该地区的军事存在，包括基地再编和军力部署调整，以更具进攻性的军事态势，消除亚太总体战略收缩所带来的负面效应。

（四）　美国亚洲新政对中国可能产生的影响和带来的挑战

美中在亚太双中心格局的存在，其实质是守成大国与新兴大国的博弈，世界大国与地区大国的交锋，头号霸权与经济大国的碰撞。对美国来说，"任何国家企图在亚洲建立 21 世纪版本新秩序，美国都不可能袖手旁观"②。无论是奥巴马政府时期

---

①　《特朗普亚太行再强调印太概念　美新亚洲战略将出?》，澎湃新闻，2017 年 11 月 14 日。

②　［韩国］《中央日报》：《习近平的"带"与奥巴马的"网"谁能覆盖亚洲?》，2015 年 3 月 31 日。

实施的"再平衡"战略，还是特朗普尚未成型的亚洲政策新方案，无论美国政府亚洲政策具体用词和表述如何，毫无疑问，亚太都会是美关注的重点，应对中国崛起都是其优先考虑的问题，差异只在于，不同时期，由于思维范式转变，战略考量不同，秩序塑造的方式和手段不同，产生的作用和效果不同而已。特朗普"以实力促和平"的政策与奥巴马的"亚太再平衡"一脉相承，其目的均是维持美国在亚太的存在，只不过是通过更为高效的军事力量投入和更为强硬的军事手段运用加以实现罢了。牵制中国发展始终是美国全球战略的关注和考量，并将对崛起中的中国产生不小的现实外部压力。

第一，中国的地缘安全环境可能会面临更大的压力。美哈佛大学教授米尔斯和纳瓦罗2016年10月11日在《国家利益》杂志发表题为《特朗普回归里根政策》的文章，称"实力促和平"的概念原封不动来自里根时期。只不过当时该政策被运用到冷战之中，大幅提高军费是为了对付苏联，而特朗普现在的假想敌想必换成了中国。特朗普在竞选过程的两次演讲中，均重复了里根总统"力量促和平"的政策，强调压倒性的军事力量，但是又强调有节制地使用军事力量和重视地缘政治力量。当前，虽然特朗普政府外交政策还处于评估和规划进程当中，但其执政团队人选基本是"里根主义者"团队，其"美国第一""让美国再次强大"的竞选口号和理念也与里根的"重振美国"几乎出自一个模子，因此在政治、外交、军事各领域，尤其亚洲政策方面，特朗普政府将会把"以实力促和平"的信条置于外交政策的核心。从目前释放的信息来看，特朗普不仅不会撤出亚洲，还会让美国在亚太的军事存在比奥巴马时代更为加码，其重建军队、扭转美国军事实力下滑的努力，释放出美国正在重返国际领导者地位的信号，一旦特朗普政府在国会配合下实施其造舰计划，并如竞选中所言，加强在中国周边海域的海上力量部署，中国的地缘政治和安全环境将面临更大的压力。另据"美国之音"中文网报道，美军太平洋司令部司令哈里斯上将称，在亚太安全事务上美国不存在"跛脚鸭"总统，人们不应怀疑美军保卫国家安全和利益的决心。美军会设法与中国合作，但必要时做好对抗准备。未来，美国是否企图继续通过武力施压或策动中国周边国家挑事、闹事，延缓乃至遏制中国崛起，将决定今后相当长的时间内亚太区域的和平与稳定。

第二，中美经济领域摩擦可能会成为新常态。在经济领域共和党注重双边而非多边的传统，决定了特朗普政权对于宏大的地区议程的关心度不高，在 TPP 搁浅的状态下，特朗普更重视从亚洲增长中寻求切实的获利。目前，中方极力推动的区域全面经济伙伴关系（Regional Comprehensive Economic Partnership，RCEP）受阻于部分国家，但区域经贸一体化趋势难以逆转。可以预见，中美在亚太区域的贸易规则主导权之争将会继续，如何将"后 TPP"的经济框架与"丝绸之路经济带"和"21 世纪海上丝绸之路"有机结合，塑造出一个"中国版"的全球经济治理蓝图，值得深入思考。另外，特朗普此前多次在人民币兑美元汇率、知识产权问题和对美贸易顺差（2015 年中国对美贸易顺差达 3675 亿美元）等方面对中国发出尖锐指责，多次就提高中国出口美国产品关税，要求中国进一步开放国内市场做出强硬表态，并任命强硬的反华鹰派彼得·纳瓦罗为白宫国家贸易委员会主席，把"鹰派中的鹰派"放在处理美国贸易问题的显赫位置，看中的是纳瓦罗思维中非常极端和反全球化的观点和主张。未来，特朗普可能会强化双边经贸关系的重构，包括强化双边自由贸易协定（FTA）战略、有针对性地强化保护主义措施等，在贸易逆差、汇率，以及军售等问题上重新确定新政策。习特会后，特朗普表示不再把中国列为"汇率操纵国"，一定程度上缓解了即将与中国爆发贸易战的忧虑，但美国仍会着手处理贸易失衡问题，"贸易失衡"和"汇率失调"仍是中美经贸领域博弈的重大关注点。未来，如果特朗普"进攻性现实主义思维和对抗性行为方式占据主导，并且'零和'范式开始侵蚀曾长期作为两国关系压舱石的经贸领域"①，美在经贸领域是否会以经济竞争为先导强化对华遏制？是否会对华施压，甚至不惜发动"贸易战"？即便没有贸易战，双方在经贸领域是否会出现摩擦或激烈对抗，对中美关系来说是非常重大的挑战。

第三，东北亚安全局势或将发生变化。在六方会谈重启无望的背景下，特朗普政府另辟蹊径，试图寻找能够体现美国利益和领导力的战略框架，划定红线，制定相应的作战计划和进行有针对性的部署演练，有意保持对朝鲜政权压力，同时迫使中国承担更大的责任，对朝实施更为严厉的制裁。需要注意的是，特朗普团队的对外思路展示出典型的"进攻性现实主义"的思维方式，如果具体化成系统性的政策行为将促使被美国假定为主要敌手、对手的国家不得不做出同样基于最坏可能的准备，开启一个"准备—反应"的不断升级直至真正发生冲突的

---

① 安刚：盘古智库《新一届美国政府内外政策展望——美国当选总统特朗普候任观察报告》，第六章："美国当选总统特朗普候任期观察报告（之三：亚太政策、对华关系）"。

危险循环。[①] 因此，美运用"凌厉"手段迫使朝鲜弃核的举动或将推动整个东北亚安全局势发生新的变化。

四、美方对"丝绸之路经济带" 的认知及反应

2013 年，"丝绸之路经济带"倡议一经提出就受到美国各界的强烈关注。"丝绸之路经济带"建设是中国解决国家发展、融入世界经济的措施，是开放式惠及沿途各方的战略。中国希望"丝路"不仅要加强"五通"，包括政策沟通、设施联通、贸易畅通、资金融通、民心相通，还将创造"三同"，即利益共同体、命运共同体和责任共同体。中国无意挑衅美国，但是由于在东亚和太平洋地区，中美关系越来越具有冲突和零和博弈的性质，美方难免会认为，中国的"轴心转向西部"一定程度上受到了美国的"轴心转向亚洲"政策的影响，中国"丝绸之路经济带"倡议的提出有回应和抗衡美国"亚太再平衡"战略对于中国全方位遏制和打压的成分，是中方牵制美"重返亚洲"及通过阿富汗开发"丝绸之路"方案的战略举措。[②] 美国卡特中心中国项目主任刘亚伟表示，"丝绸之路经济带"的成功将有助于中国增强国际影响力，使中国在欧亚大陆的广袤土地上拥有足够的经济权利，中方落实"丝绸之路经济带"倡议可有效回应美国的"重返亚太"政策，应对可能发生在东海与日本的冲突以及南海与东盟的冲突。中国摆脱传统东方经贸

① 安刚：《盘古智库"新一届美国政府内外政策展望——美国当选总统特朗普候任观察报告》，第六章："美国当选总统特朗普候任期观察报告（之三：亚太政策、对华关系）"。

② 大公网：《中国丝绸之路计划对抗美国亚太再平衡?》，2014 年 11 月 13 日。

伙伴禁锢，创造新的经济增长中心，这种新的发展模式将与"华盛顿共识"分庭抗礼，进而使得中国不惧西方经济压力和金融制裁。① 华盛顿智库战略与国际研究中心研究员克里斯托弗·约翰逊（Christopher Johnson）强调，中国正在用丝绸之路，悄无声息地通过在中亚甚至更大范围的活动对奥巴马政府企图通过日韩菲等盟国来遏制中国的外交政策予以还击。美《外交政策》（Foreign Policy）杂志更刊文指出，中国的"丝绸之路经济带"倡议"是为还击美国主导的 TPP 以及'重返亚洲'的军事遏制计划可能对中国造成的经济封锁"，提醒美国要"强硬应对"。

毫无疑问，在美方看来，中国在美国主导力缺乏、区域合作机制化程度较低的中亚、南亚、中东等相关地区主动出击推行一体化战略有如下意图：一是"丝绸之路经济带"建设向广阔的西部方向大力拓展，以经济合作为先行力，逐步带动和整合政治和安全领域的协作，为中国提供了在经济和外交上接近中亚和包括南亚以及沙特在内海湾国家关系的机遇，超越长期以来中国对外开放和交往主要面向的东亚及太平洋方向，避免在东亚和太平洋地区与美国的竞争和对抗进一步激化，寻求与美在整个亚太战略空间的权利分享，构建"去美国化"地区秩序，进而实现地区霸权；二是通过与新兴经济体和发展中国家的经济融合，在东亚之外打造以自身为中心的经济圈，更多地与发展中国家进行经济融合，化解美以 TPP 等经济手段对中国的挤压，进而对美在亚太地区对中国的遏制和围堵形成有效反制；三是将经济重心向亚洲内陆调整，战略空间向西拓展，打

---

① 《大公财经》，《美国智库：丝绸之路经济带建设不应忽视美国因素》，2014 年 6 月 29 日。

造贯穿欧亚大陆的经济集团，推进以中国为中心的亚洲一体化进程，将经济优势转化为政治影响力和国家软实力，让沿途国家在外交上向中国靠拢[1]；四是功能性领域的意图，即获得成本更低的陆上能源运输通道，运输中亚油气以扩大能源资源进口来源地，实现能源进口多元化战略。

美国战略界和决策层普遍认为，中国奏响"西进"序曲，将与美相关计划形成对冲，反制美牵制中国崛起的图谋，使美国对中国的战略布局东西失据，这将削弱美国在沿线地区的影响力，削弱美对欧亚大陆的掌控力，可能会改变亚太及欧亚地区大国力量对比和权力架构，对美霸权地位构成潜在威胁。而关于目前在中亚的大国竞争，长期以来美国中亚政策的重要目标在于限制中亚五国对俄罗斯的政治经济依赖，现在应该更加担忧中国与中亚日渐紧密的贸易和投资关系，因为美国人通过追求实施宏大战略所未能获得的（对中亚资源）的控制权，中国却正在通过实行资本市场战略而实现，拥有大量资金优势的中国明显日益占据了上风，美国有必要调整自身中亚政策的目标，加强对中亚及中国在中亚影响力的关注。

"丝绸之路经济带"倡议正式提出已有四年，在"路线图"等顶层文件护航下取得丰硕成果，迎来空前发展。中国开始在框架中添加细节，宣布了在中亚和南亚的一系列重大能源与交通基础设施建设项目，与哈萨克斯坦等国签订了谅解备忘录。据摩根士丹利预计，2016—2020年中国在海外新增业务的年复合增长率将达到13%，2017年起营收增长将会

---

[1] StephenBlank, MoscowTalks Business, Beijing Answers with Geo-strategy, China Brief Volume；13Issue：22，Nov.7，2013，http：//www. jamestown. org/regions/chinaasiapacific/single/? tx_ ttnews% 5Bpointer% 5D = 5&tx_ ttnews% 5Btt_ news% 5D = 41596&tx_ ttnews% 5BbackPid% 5D = 52&cHash = ae7495499bdf98b716e62e979cdc4#. U3B3dnn6i2k.

加速。有外国分析人士指出，原本主要是作为对 TPP 的反应，2013 年诞生的'一带一路'倡议目前正发展成为一个越来越必不可少的经济发展催化剂。它象征着中国投资政策转向并在一定程度上背离美国。

面对中国"丝路"建设进展，华盛顿以沉默进行回应。美国官员较少在公开场合对中国倡议进行评论，而是"通过软实力战术，意图破坏中国的计划，如反对亚投行，并在国际货币基金组织内部努力阻止人民币获得国际储备货币地位"[①]。美国全球安全分析所主任、全球能源安全论坛共同主席盖尔·拉夫特指出，美方的敌意似乎更多地源于"非出自我手"的情绪，而缺乏逻辑清晰、有建设性的地缘政治根据，美方的这种做法在道德层面令人反感，但更重要的问题则是，美国的冷淡态度有可能会引发未来大国冲突的风险。因为从历史上来看，改变局面的重大跨国基础设施项目通常会引发大国之间的猜忌和敌意。因而，建议为重新彰显美国对于塑造欧亚地区发展的重要作用，同时也为了避免陷入大国对抗，美国应该为中方这一宏大构想做准备，寻找途径积极参与，发挥更具建设性的作用，而不是站在一边生闷气而任由中国打地基。如，努力向该计划注入比较优势，利用所拥有的超强投放能力、国土安全和网络防御能力，在保护带路走廊沿线的重要基础设施方面发挥作用，为项目提供最佳实践、高质量和安全标准，敦促中国坚守国际劳动、环境和商业标准等。

基础设施计划是特朗普的八大经济政策主张之一。在 2016 年 11 月 11 日公布的最新施政纲领中，特朗普承诺政府将对基

---

① ［美］盖尔·拉夫特：《美国应积极参与"一带一路"》，环球网，2015 年 6 月 25 日。

建新增投资累计5500亿美元。根据中金公司的最新测算，预计2017—2020年，美国基建年均增速将高达8.4%，比过去五年的年均增速高5.6个百分点。有分析称，若美国加大基建投资规模，更加注重国内经济问题，中国的"一带一路"面临的压力可能会有所下降。[①] 2017年4月7日"习特会"期间，习近平主席对特朗普明确表示，中方欢迎美方参与"一带一路"框架内容合作。对习主席的这一表态，特朗普没有做任何回应。至今将重振美国制造业作为首要政策取向的特朗普对中方倡议的态度较为模糊。美国人一开始将"一带一路"视为"马歇尔计划"，认为倡议具有扩张性，加之对中国正在崛起的事实在心理层面上无法完全适应，抵触心理很强。奥巴马政府虽然没有指明这一点，但其在亚太的一系列动作很多都是冲"一带一路"来的。然而现在，"一带一路"不带任何霸权性的特征已经基本展现出来，许多国家看到它确实是经济上的一个重大机遇。对于美国加入中国这一战略合作框架的问题，中方具有开放包容的心态，因而主要取决于美国。未来，特朗普如何对美国有限战略资源进行合理平衡配置值得关注，包括中东与亚太的"区域平衡"、保持领导力与擅用盟友的"手段平衡"以及国内事务与国际事务的"议程平衡"。如果美新政府不能放下意识形态偏见、地缘政治考量、霸权惯性心态，在自身实力相对下降的情况下，对中国崛起的戒备心理估计只会有增无减，并将可能继续在某些问题包括"丝绸之路经济带"建设上对华施压。如何与这个打破了"常识"的特朗普政权交

---

① 特朗普对"一带一路"没有明确表态，但是其幕僚特别是右翼智库认为"一带一路"对美国来说是一个机遇，美国应该加入"亚投行"，表明美国对加入"亚投行"乃至"一带一路"会持更加开放的态度。

往，适应接下来的变化，在互动中寻找和构建新的"常识"；如何管控中美之间的权力竞争和冲突风险在很大程度上将影响到中美关系的前途。"丝绸之路经济带"与美亚太战略构成的竞争关系也必将从不同方面分别检验中国与美国的国家能力，中国如果处理的好，有可能把美国的亚太转化为中国的周边。处理不好，"丝绸之路经济带"或成为中国麻烦，美国的机会。①

五、未来中美关系构建及中国的政策选择

美国维持在亚太地区优势地位的目标不会动摇。面对一个崛起的亚洲，特朗普可能会出台更具进攻性、针对性、灵活性和弹性的战略政策形态。但正如佐利克所指出的："特朗普这个习惯逐笔处理交易的谈判家，可能倾向于采取具体问题具体分析的外交政策"。特朗普可能根据美国具体的需求、根据情势的发展来选择策略，表现出强硬与战略实用主义的立场和精明现实的政治风格。特朗普政权像是一把"双刃剑"，使所有国家都面临机遇也面临挑战。当前，我应保持战略定力，对美新政府亚洲政策走向保持高度关注，对于中美战略对冲所产生的抵消效应和相应成本还要预有估算。目前，中美之间尚未形成明确的合作或对立关系，两国关系仍具有一定可塑性。鉴于"丝绸之路经济带"是一个综合性倡议构想，以经济合作和外交倡议面貌出现，涉及各个领域，这就要求我统筹好政治、经济、军事、外交等各方面资源，

---

① 薛力：《"一带一路"折射的中国外交风险》，英国《金融时报》中文网，2014年12月30日。

协同布局周边外交，创新观念、体制和机制，稳步推进"一带"建设，同时从自身战略利益出发，从中美关系大局出发，妥善处理好中美关系。

政治上，与美保持更加有效的战略沟通，努力增进双方战略互信；全方位多场合阐释"丝绸之路经济带"建设的积极意义，破除美对中国会实施扩张性战略的疑虑；客观理性地认识两国所处的位置以及彼此的战略底线，准确判断美对华政策的战略意图，就影响双边关系大局的"第三方因素"建立有效的管控机制；处理好中美之间的竞合关系，寻求双方利益最大公约数，迎合与引导相结合，实现总体上对我有利的利益置换；巩固和扩大中美关系的社会基础，与美构建基于不对抗，开展对话与合作的新型大国关系，努力使美对我呈建设性影响，避免中美基本合作受到致命破坏，为中国的总体发展营造良好的外部环境。

经济上，发挥中国在经济领域的优势，通过投资建厂，道路、桥梁、港口、机场等基础设施建设，以及电网、通讯网、油气管网等互联互通项目合作，积极拓展与中亚、南亚、中东、非洲等国家的经贸关系，寻找突破口，以此抵消或缓冲东部压力，化解美强化亚太资源和信誉投入带来的不利影响；通过金砖国家开发银行、亚投行和丝路基金，为沿线相关国家基础设施、资源开发、产业金融合作、互联互通项目提供投融资支持，使沿线国分享中国经济增长的果实；向周边国家更多开放本国市场，用市场换资源、换信任、换友好；探索亚洲国家联合自强和自主确定区域合作新模式的信心，主动参与规则制定以谋求更大的发言权，规范和约束美国的国际行为，维护自身正当利益；在"丝绸之路经济带"建设中巧妙将美纳入其中，利用好美在中亚等地区的经济投入，以及对培育市场的"输血"效应，让美国的投资、技术发挥作用，完成与美利益捆绑，使之转化成为对我的有利因素；界定境外合作大致地域和重点合作对象，明确重要合作领域，进而协商、遴选、稳步推进具体项目取得初期成果，坚定沿线国家与我合作信念；勇于承担中国作为最大的发展中国家的国际责任，在实现本身可持续发展的同时，带领发展中国家走出全球经济结构性失衡的困局。

外交上，切实做好周边睦邻友好工作，稳步推进战略支点，伙伴关系和区域合作三大网络建设，统筹好大国和周边外交两对关系，扩大对美回旋余地，增强我调动美的扛杆；宣扬中国坚持和平发展道路、积极推进国际关系民主化的战略选择，尽可能减少或消除周边国家对于中国和平崛起的疑虑；在涉及敏感问题上采取更为慎重的决策和行动，谨慎制定并清晰阐明战略，避免意图含糊不清造成的误解，赢得重要伙伴的友好关系，让其对中国有更大的亲近感和尊敬感，对中国发展强大及相应的格局变化有更大的承受力，对中国牵头区域合作有更大的接受度和积极性，对冲美战略消极面。

军事上，以国家利益需求牵引军队改革，建设一支具有远程投送能力和远程打击能力，能够实行联合作战、协同行动，能够走出去的军事力量；具体行动上要"以民掩军、寓军于民、不事张扬"，战略上坚持积极防御、自卫和后发制人的原则，战术上把握主动权，沉着应对各种复杂的局面。

在未来很长时期内，中美两国都将是"竞争性共存"关系，且随着美国在亚太军事力量投入的增加，中美之间的竞争性可能会有所加剧，我应密切跟踪美国整体战略和沿线各国形势变化，做好对外环境评估和发展策略调整，克服各种政治安全障碍，妥善应对突发事件，敏感问题和来自美方的干扰，建设性地管控中美双方分歧，推动中美关系向和平稳定的方向发展。

第三章

中亚反恐安全形势与
"丝绸之路经济带"建设推进

中亚是"丝绸之路经济带"的必经之地，发挥着纽带和枢纽作用，在中国周边地缘政治和安全中地位重要。当前，中亚地区安全形势总体稳定，但伊斯兰宗教极端势力和恐怖组织渗透破坏活动频繁。美国已经发出警告，"中国'丝绸之路经济带'建设的有效展开需要以稳定作为底线，而只有美国的存在可以提供这一底线。如果美国退出中亚，整个地区将变得更加动荡。"如何看待中亚伊斯兰宗教极端势力对我"丝绸之路经济带"建设的威胁和影响，如何看待美国以"反恐"为名在中亚地区的军事存在，中美在这一地区能否实现"共处"甚至"共治"值得深入思考。

一、中亚伊斯兰宗教极端势力和
恐怖组织基本情况及特点

中亚地处欧亚大陆心脏，居住着 100 多个民族，主体民族信奉伊斯兰教，与其相邻的中东地区更是世界伊斯兰势力最为集中的地带。20 世纪 80 年代末，随着苏联解体和东欧巨变，极端民族主义浪潮在世界范围内兴起，产生于 70 年代末中东地区的伊斯兰复兴运动顺势蔓延至中亚，并逐渐呈现出政治化、组织化、恐怖化的特点。"9·11"事件之后，在阿富汗塔利班和"基地"组织的支持下，中亚伊斯兰极端主义势力迅猛发展，其在阿富汗、塔吉克斯坦、乌兹别克斯坦等国建立训练营地，招募雇佣军，以推翻世俗政权为目标，从劫持人质到暗杀总统，制造了许多骇人听闻的暴恐事件，对地区国家安全稳定和经济社会发展构成极大威胁。

中亚伊斯兰宗教极端组织众多，其中最具代表性的主要有：

乌兹别克伊斯兰运动（Islam Movement of Uzbekistan，简称"乌伊运"）。"乌伊运"自 1996 年成立以来因不断在乌国内和乌吉边境制造恐怖爆炸和人质绑架事件而恶名远扬。该组织一直以来得到了塔利班、"基地"组织以及沙特、土耳其、车臣等地国际恐怖主义组织的全力支持，注意力日益转向整个中亚，新疆也成为其重点关注地区。近年，中亚国家不断加大打击力度，"乌伊运"主力已逐步从乌、塔、吉三国交界的费尔干纳谷地转移到了阿富汗北部，伺机"杀回"乌兹别克斯坦。

伊斯兰解放党（Hizbut-Tahrir，即"伊扎布特"）。1952 年成立于耶路撒冷的"伊扎布特"于苏联解体后进入中亚，其组织严密，活动诡秘，追随者云集。2000 年，"伊扎布特"在乌鲁木齐成立了新疆总部。2005 年，该组织乌兹别克分支"艾克拉米亚"一手策划并发动了安集延暴力骚乱事件。

2010 年吉尔吉斯斯坦爆发乌吉两族冲突后，"伊扎布特"乘机在吉境内发展成员。目前，该组织已渗透到哈萨克斯坦南部，哈政府查获了多批携带宗教极端主义宣传品的"伊扎布特"成员。

东突厥斯坦伊斯兰运动（East Turkestan Islamic Movement，简称"东伊运"）。"东伊运"以阿巴边界为基地，主要藏匿于南亚地区，但趁一些恐怖势力向中亚回流之际进入中亚地区建立新的"巢穴"，目前是中亚极端恐怖势力中的第三大组织。近年，该组织以中亚为根据地，频频制造分裂中国的舆论，扩大国际影响并向新疆地区渗透，极力将在新疆的分裂恐怖活动纳入其全球活动之中，并企图在新疆建立"东突厥斯坦伊斯兰国"。

萨拉菲主义（Salafi）。流行于中东的"萨拉菲派"吸纳了大量政界、宗教界和知识界的精英，近年在中东政局变化中的政治影响力迅速扩张，其思想中的激进主张进入中亚与当前中亚宗教极端思想形成契合，变成一种新的思想武器。自 2011 年以来，在哈、吉、塔等国接受"萨拉菲主义"的教职人员大量增长，"萨拉菲主义"在哈萨克斯坦境内以及周边地区的军事活动日益增多，影响恶劣。

与中东、南亚相比，中亚地区的伊斯兰宗教极端主义整体看呈现以下特点：

一是政治目标明确，宗教激进主义色彩浓厚。表现为同时举起"民族分立"和"伊斯兰圣战"两面旗帜，企图推翻世俗政府，建立政教合一的伊斯兰国家，袭击对象除政府官员、军警执法者和平民外，矛头甚至直指国家领导人。如"乌伊运"的首要目标曾是把乌总统卡里莫夫赶下台，解放"被卡里莫夫囚禁的穆斯林同胞"①，并妄图将中亚五国和中国新疆地区"联合起来"，建立统一的伊斯兰神权国家。"伊扎布特"则强调以费尔干纳谷地为中心，建立哈里发国家，并支持"东突"势力在哈里发旗帜下于新疆建立伊斯兰教法统治的政权。"萨拉菲主义"坚持建立正统宗教国家，目标指向推翻纳扎尔巴耶夫政府，给哈国家和社会构成巨大压力。

　　二是内生倾向与外来特征交织增长。伊斯兰教具有扩张性，强调宗教和政治权力的一体性。② 伴随着国际恐怖组织"去首领化""去中心化"的趋势，以及中亚国家打击伊斯兰武装极端分子力度的不断增强，恐怖组织化整为零、各自为战、跨境流窜、就地"圣战"的恐怖活动增多。中亚各国内部相继出现一些由地区内原有宗教极端势力残余部分改名换姓组成的小型宗教极端组织，如 2010 年到 2011 年在吉尔吉斯斯坦比什凯克制造一系列袭击事件的"公正统治军"等。与此同时，由于中亚毗连全球恐怖主义活动的中心地带——中东和南亚，域外恐怖组织势力对中亚的影响越来越不容忽视，突出表现为各国境内极端组织人员来源日益复杂，其中既有"乌伊运"等恐怖组织成员，又有来自中东、巴基斯坦和阿富汗等国的"圣战"分子，还有某些国家的反对派武装力量。有数据表明，往返叙利亚与中亚之间，参与叙反政府军事行动以及在中亚从事恐怖活动的中亚国家公民呈上升趋势。③ 而一些国际性

---

　　① 张来仪：《中亚伊斯兰极端主义》，《东欧中亚研究》，2001 年第 5 期，第 132 页。2016 年 9 月 2 日，乌兹别克政府和议会通过电视直播发布正式通报，总统伊斯兰·卡里莫夫已于 2 日逝世，享年 78 岁。

　　② ［美］亨利·基辛格著，胡利平、林华、曹爱菊译：《世界秩序》，中信出版集团，2015 年 8 月第 1 版，第 119 页。

　　③ Kazakh citizens detained on suspicion of terrorist activity in Syria，28. October. 2013，http：//en. ca-news. org/news：530114/.

恐怖组织制造恶性恐怖事件的手段、形式在中亚地区亦呈关联性、模仿性和突发性发展态势。[①] 中亚地区内部的恐怖组织和极端组织与境外恐怖组织联系加强，发生了一些影响恶劣的恐怖袭击事件，如2016年6月哈萨克斯坦发生的阿克托别恐怖袭击，及同年8月针对中国驻吉尔吉斯斯坦大使馆的自杀式爆炸袭击等。[②]

三是渗透性、涉及面和影响力较之冲突规模更具危险性。中亚伊斯兰宗教极端思想传播方式隐蔽多样，斗争策略灵活机动，一些国家伊斯兰激进思想来势滔滔，几乎难以遏制，甚至出现全国大范围"伊斯兰化"的倾向。塔吉克斯坦是中亚伊斯兰化程度最高的国家，每年都有为数众多的年经人赴穆斯林国家研习伊斯兰教规，塔人口700万，有3340座清真寺，平均每2000人就有一座清真寺。吉尔吉斯斯坦目前已有80%的居民认为自己是穆斯林，约占人口总数的四分之三，社会中还出现了一系列伊斯兰中心和团体。[③] 卡内基基金会驻莫斯科代表处2012年9月17日发布了一份报告，提出吉"伊斯兰化倾向"问题，称吉国内约50%的居民支持建立伊斯兰国家。而在以往影响较为淡薄的哈萨克斯坦，伊斯兰化的发展也明显加快，且伊斯兰化的进程从一开始就具有明显的政治倾向。哈国家安全委员会资料披露，截至2013年，哈国内已有20多个自我标榜为"萨拉菲教派"的极端主义组织在活动。响应"萨

---

① В Сирии воюют наемники из китайского " Восточного Туркестана", http：//anti-terrortoday. com/index. php/baza-dannykh/terroristicheskie -i -ekstremistskie -gruppirovki/islams-koe -dvizhenie -vostochnogo -turkestana/1055 -v -sirii -voyuyut -naemniki -iz -kitajskogo-vostochno-go-turkestana.

② 苏畅：《中亚恐怖分子的不归路》，《世界知识》，2017年5月5日。

③ 石泽：《后危机时期的中亚形势：成就与挑战》，《国际问题研究》，2012年第6期，第76—84页。

拉菲全球圣战"的口号，中亚地区已经形成一股跨国、跨地区性网络，并且分别以各种非理性的极端主义方式对各地世俗政权和执法部门采取"象征意义高于战术意义的恐怖主义行动"①，对地区各国社会秩序和政治安全造成强烈冲击。

二、内外因素交织下当前中亚总体安全形势

20 世纪 90 年代以来，中亚伊斯兰宗教极端势力发展迅猛，这与各国自身情况和外部因素的影响密切相关。从内部来看，首先，独立之初的中亚各国民众普遍存在信仰危机，官方意识形态在一派政治混乱中难以很快确立，苏联解体留下的"思想文化真空"给原先受到遏制的伊斯兰势力复兴提供了机遇。随着全球伊斯兰保守主义的兴起，中亚伊斯兰教日益走向原教旨主义，行为上更为激进，并与民族分裂势力和国际恐怖势力相结合，对世俗国家政权构成严重挑战。其次，中亚各国经济增长有好有坏，但专权、失业、贫困和贪污腐败问题较为普遍，给各类极端分子打着民族宗教的旗号制造事端提供了借口，社会失序也助长了伊斯兰宗教极端主义意识的蔓延。再次，中亚国家安全机关水平有限，管制能力低下，境内外极端分子能够轻易找到活动空间甚至建立基地；各国民族、宗教、跨界水资源等矛盾由来已久，彼此缺乏政治互信，导致各国不能紧密合作，也为伊斯兰宗教极端势力的渗入提供了可乘之机。从外部来看，伊斯兰宗教极端势力在中亚的发展壮大与霸权主义、新

---

① Эмир《Имарата Кавказа》- это не титул, это приговор, http：//www. grozny -inform. ru/main. mhtml？ Part = 15&PubID = 16860.

干涉主义以及借人道主义援助之名的西方势力的支持和怂恿密不可分，与域外恐怖主义的渗透活动亦有关联。

当前，特别受以下因素影响，中亚地区安全形势不容乐观。一是极端组织"本土化"趋势增强对地区国家安全威胁上升。中亚地区内部宗教氛围浓厚、极端思想盛行、社会宗教矛盾突出，"新生代"自产型恐怖组织不断涌现，寻机制造事端，且活动更加隐秘，危及各国社会稳定和政权安全。二是新兴恐怖组织"伊斯兰国"持续活跃，其影响已经波及中亚。国际舆论不时传出"伊斯兰国"准备在中亚地区开辟"第二战线"的消息。吉尔吉斯斯坦极端宗教问题专家马利科夫 2015 年 2 月曾向媒体透露，"伊斯兰国"已向其中亚分支组织"马维兰纳赫尔"拨款 7000 万美元，令其在费尔干纳地区策动恐怖袭击，同时借助费尔干纳谷地边境错综复杂、管控不清的特点，从吉西南部向乌兹别克斯渗透，期望在乌境内扎根壮大。① 国际危机组织（International Crisis Croup）近期发表报告指出，"伊斯兰国"正在向中亚拓展势力，在中亚地区逐渐活跃，对于地区安全稳定的影响和冲击不断上升。三是阿富汗局势前景不明，对中亚安全的消极影响日益显现。作为阿富汗的北方邻国，中亚国家自独立以来安全环境一直受到阿内战的困扰。从历史看阿每次出现动荡必然会涉及到邻近的中亚地区。② 2014 年底，美国率领的北约部队终止在阿富汗的军事作战任务。阿富汗的安全局势每况愈下。2015 年是阿富汗战争爆发以来阿平民伤亡人数最多的一年，达到 1.1 万人；阿富汗国民军也遭遇

---

① 高寒：《恐怖势力为何在中亚暗流涌动》，《文汇报》，2016 年 6 月 12 日。
② 石泽：《后危机时期的中亚形势：成就与挑战》，《国际问题研究》，2012 年第 6 期，第 76—84 页。

最大伤亡，军队战斗减员 8%，另有 30% 的军人直接离开了岗位。① 2015 年 10 月 15 日，美国宣布将留下数千美军继续驻扎在阿富汗这个冲突不断的国家。俄罗斯总统普京在哈萨克斯坦与前苏联地区领导人进行会晤时表示："（阿富汗）那里的形势着实严峻"，并警告称，在阿富汗上演的暴力恐会延及前苏联中亚地区。② 众多学者认为，不断恶化的阿富汗安全局势对边境管控薄弱的中亚国家，特别是塔吉克斯坦和土库曼斯坦，是巨大的挑战。2016 年 8 月袭击中国驻吉尔吉斯斯坦使馆的"哈利洛夫"很可能就是从阿富汗潜入塔吉克斯坦，再从塔进入吉境内的。阿富汗一直是中亚恐怖势力的后方基地，随着美撤军时代到来，不排除塔利班卷土重来，阿战乱"外溢"蔓延，以"乌伊运"为代表的伊斯兰宗教极端分子趁机回流中亚，在中亚地区及我新疆境内兴风作浪。此外，中亚是阿富汗毒品的走私通道，阿局势失控将进一步刺激国际犯罪集团与宗教极端势力和恐怖组织联手贩运毒品筹措资金，搅乱中亚国家的边境防卫，威胁地区各国的安全体系。

在未来的一段时期，恐怖分子回流问题令中亚安全形势变得更加复杂。费尔干纳谷地有成为"中亚—'伊斯兰国'恐怖主义"新策源地的潜在危险。吉尔吉斯斯坦和塔吉克斯坦族际关系依然紧张，失业人口较多，毒品泛滥，社会治安形势较为严峻，是中亚安全中的薄弱地区。

---

① 《中亚：极端主义爆发的下一个触点》，《财经杂志》，2016 年 9 月 17 日。

② 《中亚独联体拟组建联合部队加强防范》，《参考消息》转引法新社阿斯塔纳 2015 年 10 月 16 日电。

三、美国"反恐"中亚及
在中亚的军事存在

早在中亚国家独立之初，鉴于中亚地理位置重要，自然资源丰富，战略价值巨大，美国已经开始积极运作，逐步扩大与中亚各国的军事合作，极力将中亚纳入西方军事体系，从而塑造战略优势[①]。

2001年秋，美更是借阿富汗反恐战争之机，军事触角直指中亚。美先后租用了乌兹别克斯坦的汉纳巴德军用机场、吉尔吉斯斯坦的马纳斯空军基地、塔吉克斯坦的库利亚布空军基地，获得了在需要时可以毫无障碍地使用哈萨克斯坦南部阿拉木图和希姆肯特机场的许可。伊拉克战争后，美又租用了乌兹别克斯坦的卡甘和卡凯德军用机场，租用并扩建了塔吉克斯坦的库尔干秋别空军基地作为美国军用飞机在中亚的中转场站，扩建了吉尔吉斯斯坦的玛纳斯机场使其能够起降大型作战飞机。上述基地有的担负美反恐作战任务，有的担负中转和后勤供给保障任务，彼此相互支援、互为依托，大幅提升了美国在中亚地区的军事影响力。[②]

---

① 具体手段和举措包括：力促中亚五国先后加入北约和平伙伴计划，不断提高与中亚国家的合作层次和质量；向中亚各国许以巨额军事援助，帮助其扩建军事基地、加强边防建设、改善武器装备，提供军事培训；在中亚或美本土与中亚各国举行例行联合军事演习，密切军事交流与联系等。

② 《中亚军事基本情况》，军事科学出版社，2007年2月第1版，第153—156页。

"9·11"事件后美军在中亚国家的军事基地（包括补给站）概况①

国家	基地名称	概况
乌兹别克斯坦	汉纳巴德军用机场	位于乌兹别克斯坦南部，距塔什干约 430 公里，场内有 3 条跑道，可同时停放 80 架战机，曾是苏联第二大空军基地，其规模仅次于土库曼斯坦的马拉赫空军基地。该机场地处中亚要冲，战机飞到印度洋只需 3 小时。2001 年 10 月，乌美签署了《乌美合作打击国际恐怖主义的协议》，正式批准同意美军飞机及各类军事人员部署在该军事基地，并可利用该基地执行紧急搜救、空中侦察、对地攻击、运输、空降和特种作战等任务。2005 年 11 月，美军撤出乌兹别克斯坦
	卡甘军用机场	可停放 50—60 架战机
	卡凯德军用机场	可同时停放 80 架战机
吉尔吉斯斯坦	甘西空军基地	中亚最大的军事设施，位于比什凯克以东约 10 公里，距中吉边境不足 320 公里，是美军在中亚地区的"空中枢纽"，担负空运、空中加油以及后勤保障等任务，混凝土跑道，占地 12 公顷，可容纳 3000 名军人和停放各种战斗机、运输机和加油机，带有多个弹药库。2003 年，美军以反恐为名增加了甘西空军基地的租用面积，新增加区域位于马纳斯机场以北，面积约 300 公顷
塔吉克斯坦	库尔干秋别军用机场	位于杜尚别以南约 110 公里处，沥青混凝土跑道，长 2200 米，宽 60 米，经改造可停放 60 架作战飞机，美军将该机场扩建成军用飞机在中亚地区的中转场站
	库利亚布军用机场	位于杜尚别以南约 80 公里处，距塔中边境约 320 公里，沥青混凝土跑道，长 2000 米，宽 50 米，经改造可停放 70 架作战飞机

————————

①　[美]玛莎布瑞尔奥卡特著，李维建译：《中亚的第二次机会》，时事出版社，2007 年版，第 153—156 页。

续表

国家	基地名称	概况
哈萨克斯坦	阿拉木图国际机场	2002 年 7 月 9 日，哈萨克斯坦同美国签署了"哈美关于提供阿拉木图国际机场的政府间谅解备忘录"，备忘录同意美国执行反恐任务的飞机经过哈领空，并规定美军战机在出现技术故障、油料不足等"双方都认可的紧急情况下"，可以在哈前首都阿拉木图的国际机场进行紧急的降落和燃料补给，并接受技术服务、维修和保养等
	希姆肯特和卢戈伊军用机场	美军租用

　　显然，拥有中亚的空中走廊和地面基地不仅是美完成中亚反恐任务的当务之急，也是其在中亚长久立足的基础。在中亚的军事存在是美全球军事战略的"历史性突破"，并已成为美实现"全球无处不在"宏大计划的一个重要部分。随着美在阿富汗军事行动接近尾声，美以应对美军撤出后阿可能出现的紧张局势以及向驻阿国际反恐联军转运物资和人员为由，与乌兹别克斯坦就在乌部署行动反应中心问题进行磋商，与吉尔吉斯斯坦就玛纳斯国际机场这一"国际过境转运中心"租用合同到期后续约问题讨价还价①。正如美军最初进入中亚时美前国务卿鲍威尔所宣称的，"美国人在战争结束后不打算撤出中亚，因为他们在这一地区发现了长远利益"②。

　　事实上，阿富汗战争打响之后，种种迹象表明，美在"反

----

　　① 2001 年 12 月，美吉达成协议，以每年支付 2.73 亿美元的资金租用玛纳斯国际机场。2005 年后，吉巴基耶夫政权向美在吉的基地开出天价租金，最后双方以比原租金高出数倍的价格暂时平息了美在吉驻留的问题。

　　② 赵龙庚：《试析美国驻军中亚后战略态势及其对我国安全利益的影响》，《俄罗斯中亚东欧研究》，2004 年第 2 期。

恐"旗号下在中亚地区的军事存在已越来越超出反恐范畴，美正试图在中亚地区保持长期驻军，从而占据最重要的战略关节点，以便在带有连动效应的未来大国关系调整中掌握主动。俄罗斯就特别警觉地指出，美长期驻军中亚并非只是为了反恐，而是要以中亚为支点，在东欧—高加索—波斯湾—中亚—南亚的"新月"地带构筑地缘战略安全网，以防范俄重新崛起。对于美国来说，屯兵中亚除了威慑打压极端势力，在中亚铸起反恐盾牌之外，还可满足其多重国家利益，包括掌控中亚的油气资源，保证稳定的能源供应；向中亚国家输出"美式民主"，进行"和平渗透"提供强力支持；构筑并完善欧亚大陆放射状战略包围圈，西挟两伊，南控南亚次大陆，北拒俄罗斯，东遏中国，全面赢取战略主动权。军事基地的存在显然能够让美更容易达成上述目的。

四、中亚反恐安全形势对中国"丝绸之路经济带"的影响

"丝绸之路经济带"覆盖区域是伊斯兰极端宗教势力和恐怖主义势力活动的"大本营"和"训练场"，而中亚是中国"西进"的第一站，是"丝绸之路经济带"倡议落实的优先方向和关键点。随着中国与该地区交往增加，中国利益通过"一带"的牵引深度涌入这一地区，势必与伊斯兰极端主义和当地的恐怖主义势力正面相遇，其中所包含的巨大安全风险，显然需要理性估算。目前，中亚各国正在积极应对美后撤军时代阿富汗可能出现的乱局对地区安全稳定造成的负面影响，各类区域安全合作机制也在纷纷强化功能，但在可以预见的未来，阿

富汗国内局势动荡、伊斯兰宗教极端势力蔓延等问题仍将持续困扰中亚，而大国特别是美国在中亚反恐问题上立场和行动的不确定性将使中亚安全形势和博弈格局进一步复杂化，对我"丝绸之路经济带"建设顺利推进构成一定挑战。

（一）中亚地区安全形势脆弱敏感使"丝绸之路经济带"项目落地面临现实挑战

当前，西亚北非局势持续动荡，"伊斯兰国"外溢效应明显，阿富汗和巴基斯坦局势变化不定，伴随着中亚国家社会转型、权力交接，地缘政治重建以及多元影响力的不断渗透，伊斯兰极端势力可能在动荡中被再次激活，进入又一个活跃期①。2016年6月，一向平静的哈萨克斯坦发生了恐怖袭击，在斋月开始的前一天，一个由25人组成的团伙抢劫了西部阿克托别市的两家武器商店和一个军队驻地，哈全国进入反恐黄色警戒状态。2016年8月30日，中国驻吉尔吉斯斯坦使馆门前发生爆炸。长久以来，人们对中亚地区的安全隐忧变成了现实。如中亚各国、中国西北宗教极端主义与中东、南亚地区的极端主义遥相呼应、彼此效仿，多点爆发、网状传播，将恶化我投资环境、威胁我人员安全、干扰我已建或在建项目实施、影响区域经济合作前景、打乱我战略部署，阻碍我"丝绸之路经济带"建设顺利开展。如何提高中亚普通民众对现代商业文化和现代科学的认知，如何化解中亚"三股势力"对"互联互通"规划建设的破坏和干扰，如何避免陷入中亚伊斯兰内部教派冲突的战略性陷阱，是需要认真对待的问题。

---

① 苏畅：《当前中亚宗教极端势力及恐怖主义形势》，《社会学报》，2014年。

（二）美国地区"反恐作为"存在变数使"丝绸之路经济带"建设推进面临潜在挑战

中亚恐怖主义活动猖獗以及内外"三股势力"相互勾结将极大影响和制约"丝绸之路经济带"国家战略顺利实施。而在美国看来，中国应乐于并欢迎美在阿富汗及中亚地区持续驻军，认为这将是中国"丝绸之路经济带"建设所需稳定环境的底线。然而，对于"9·11"事件之后美驻军中亚扮演起打击国际恐怖主义和"三股势力"的主要角色在维护中亚安全稳定方面的作用还需客观理性看待。

一方面，从安全角度看，美驻军中亚重创了以本·拉登为首的国际恐怖势力，使中亚伊斯兰宗教极端势力失去了重要的外来依靠，也对与"基地"组织有密切联系的"东突"等威胁中亚安全的恐怖组织形成某种威慑，客观上迎合了中亚地区打击"三股势力"维护地区稳定的需要。从经济角度看，美军对进驻的中亚各国军事基地投入了巨大的修缮和维护费用，对地主国支付了价格不菲的租赁补偿；同时又承诺并提供了数量不等的投资援助用于中亚国家维稳、安全、禁毒和打击极端主义。美以美元开道，换取对中亚各国军事基地的使用权，对于处于困境中的中亚各国经济起到部分输血作用，有助于中亚国家加强边防守卫、改善国内安全状况、实现经济复苏增长，也给中国"丝绸之路经济带"推进带来一定暂时性"利好"。

但另一方面，美国能否像美军参谋长联席会议主席迈尔斯曾经声称的那样，真正成为"中亚安全的管理者"① 还要打个问号。显然，美以一己之力很难承担起维护中亚安全稳定的艰巨责任。应对恐怖主义威胁和挑战是一个世界性难题，实现一个地区的安全稳定远远不像打一场有明确目标的战斗那么简单，也不是表象上的军事胜利可以一语概之，正因如此，美国在反恐问题上屡屡陷入越"反"越乱的境地。从美十年反恐战争的效果来看，美使用战争手段解决问题的方式似乎使问题又回归到了原点。美最终不得不撤军阿富汗，把阿重建和平的任务交由阿富汗人自己来处理，虽然美与阿签署了和平协议，继续驻军以帮助阿政府军维护其国家稳定，但这并不能真正解决当地的实际问题，也难以从根本上改变阿富汗及中亚地区滋生"三股势力"的经济和社会基础，且有可能日益激发中亚各国穆斯林居民的反美情绪，遭到当地人的反抗。美阿富汗反恐战争之所以治标不治本情况严重，根源在于反恐只是美实现其国家利益的金字招牌，其真正目的是以反恐为名将触角进一步伸入中亚，在该地区推行民主化战略，控制地区资源。美不从恐怖主义产生的深刻历史、社会、政治、文化、宗教、民族根源上下手，企图仅仅依靠军事手段解决问题，并不能从根本上帮助阿富汗实现社会稳定和经济发展，阿重建任务依然困难重重、危机四伏。未来，随着中国的快速崛起，不排除美从其战略利益出发，以维持阿国家安全为由在中亚长期滞留经营，并借助其强大的军事、政治影响力干扰"丝绸之路经济带"建设进程。包括，以退为进，转移恐怖祸水；在撤离过程中通过留

---

① Eugene B. Rumer. Flashman's Revenge：Central Asia after September11 ［M］. Strategic Forum，Institute for National Strategic studies National Defense University，2002（195）. "鉴于美国在吉、塔和乌驻军，推翻阿富汗塔利班政权，以及所有表明美国将在这个地区长期保持军事存在的迹象，美已经变成了中亚安全的管理者"。

有地区安全"后门"，搅乱地区局势；通过暗中支持中亚"东突"恐怖组织或一些反政府力量，助长地区暴力化倾向；策动中亚沿线国家的"颜色革命"，加紧通过利益集团代言人对我施加影响等。美国自诩为维护中亚地区安全与秩序的"领头人"，窥伺在旁，不肯离去，能否在中亚反恐问题上既与美实现合作，又防范美将中亚打造为地缘政治堡垒，给我国家安全和"丝绸之路经济带"建设推进带来压力面临考验。

五、对策建议

2015 年，"丝绸之路经济带"倡议进入正式实施阶段。与这一背景相关联，2015 年 5 月 7 日，习近平主席在哈总统大选后第二次到访哈萨克斯坦，推进与这个"一带"北线核心国家的双边关系，同时推动"一带"倡议对接哈"光明之路"新经济政策和以哈俄白为主体的欧亚经济联盟。近年来中国政府种种政策和举措显示，中国希望在这一区域有更大的政治经济作为，然而中国的"一带"倡议如何与当地实际情况结合，走过中亚恐怖主义风暴眼，需要高超的政治智慧。

（一）制定发展与安全一体的"丝绸之路经济带"实施规划，把应对恐怖主义威胁纳入战略制定视野

深刻认识"丝绸之路经济带"建设推进过程中沿线地区反恐形势的严峻性，把应对恐怖主义威胁纳入国家安全战略制定的视野，在"丝绸之路经济带"建设战略设计和总体规划中不仅要有实现国家可持续发展的考虑，还应有安全维护的考虑。一是整合内部资源建立安全风险评估、预警和通报机制。加大

对中亚国家的反恐投入，与当地已有反恐合作架构相兼容，与当地利益攸关方和社会力量对接，共同维护安全；鼓励建立国别和区域安全分析、监控、预警和通报机制，建设综合性安全力量，设立中国投资项目安保基金，既要有宏观政策设计，又要有具体定向支持。二是通过经贸合作带动人文交流，提供必要的区域公共产品。加强与中亚国家在非资源、民生领域的双边和多边合作，适度扩大对其的发展援助和投资，推动当地经济和社会发展，塑造友好的国家形象，优化合作的民意基础；通过区域公共产品的提供，使沿线国家充分享受到中国发展所带来的红利，带动各国建设"丝绸之路经济带"的积极性。三是做好在相关国的公共外交工作。正确客观地看待与处理宗教问题，通过政党、非政府组织、民间团体、企业、研究机构、个人等多元外交行为体，加强同伊斯兰国家温和的伊斯兰组织、合法的政治反对派及其他主要社会组织的接触，夯实中国在当地的社会人文基础，巩固扩大友华阵营。

（二）通过多边主义建立安全共同体，为"丝绸之路经济带"建设扫清安全障碍

作为影响地区国家安全的顽疾和瓶颈，中亚恐怖主义的复杂性决定了任何国家都不可能凭借一己之力妥善解决，唯有通过双边和多边区域合作才能加以遏制和消除其带来的威胁和挑战。为此，需争取国际社会支持，建立有效的反恐制度保障，促进安全共同体的形成。包括重塑上合组织在中亚地区反恐合作机制上的基础性作用，建立成员国重大突发公共安全事件预警及应对机制；推动亚信机制具体化、常态化，加强中俄在相关国家安全领域、基础设施建设、精英阶层培训等方面合作；

与中亚国家在反恐情报预警、军演、执法方面实现有效互动，积极开展跨境联合反恐行动以及"境外清源"反恐活动，寻求与中亚国家在打击走私贩毒、组建集体维和部队以及保护我国在中亚能源资产等进行军事合作；在联合国主导的国际维和、国际救援等行动中，积极与各国军事和民事力量开展运输、医疗、维修等多领域的相互支援；推动国际反恐合作向多渠道、多层次、多模式发展，向有利于我的方面发展。

（三）加强与美国反恐安全合作，实现中美在中亚地区的共处共治

美国以"反恐"为名在中亚的军事存在，使该地区已经成为中美两国的接触前沿，从而使中国的矿产资源、油气开发及相关跨国铁路、公路、桥梁、管道及输电线路投资建设在美军威慑之下压力陡增。为此，一方面，要与美加强沟通协调，寻求广泛的共同利益，坚定促美放弃反恐双重标准，以实际行动支持我打击"东伊运"等恐怖势力，与我在应对恐怖主义、打击跨国犯罪等一系列重大挑战上进行合作；另一方面，对美以反恐为由针对我的恶意企图予以斗争。如，用好用足"经济牌"，把我经济优势转化成国家战略优势和外交影响力；利用好"西线"中亚问题牵制美国在东线的搅局；及时掌握美国对阿富汗的政策走向，防止被美牵着鼻子走；在阿战后重建及投资上，既要积极介入，也要量力而行、稳妥经营，避免处理不当反被绑上美国的反恐战车，引火烧身，深陷其中；以阿富汗重建为契机，积极推进我"一带"建设在相关国家落实等。

（四）科学设计和准确把握军事力量在中亚运用的时机、方式、规模和范围，做好战略预置

采取购、掩、代、顺、派、联的策略，通过以民掩军开展军事力量预置，开展境外民事资源准军事化保障，推动军事力量走出去；通过与重点国家的谈判协商、签订协议等方式，部署必要的军事力量和装备器材等，建立陆上机动作战的前沿部署基地，执行危机反应与突发事件处置等应急任务；在相关经济合作机制框架内，以国家和地方为主体，由海外中资机构运作，我国企业与相关国家签订长期、短期或临时租赁协议，借用或租用他国机场，预留军事需求接口，确保未来需要时直接为中国军队和后勤所用；探索与试行海外国防动员法，充分发挥海外华人和华资企业的海外战略预置力量效应，高度重视海外群侦力量培养培训，借鉴学习美国、法国、以色列的经验做法，组建中国式"民间保安公司"；按照国家战略要求以及作战对手能力发展制定军队应对策略，提高联合作战、特种作战、城市作战、远程军力投送、反毒缉私、非传统军事安全领域作战能力。

（五）从国家能力建设和社会治理等方面入手实现新疆社会稳定和长治久安，使其充分发挥"一带"建设核心区和通道作用

新疆与中亚国家相邻，是中国向西走出去的门户，是第二亚欧大陆桥的枢纽之地，在构建"丝绸之路经济带"中的地位和作用是国内沿边沿桥地区所不能替换的。当前，受境外极端主义和恐怖主义蔓延，内外"三股势力"相互勾结影响，新疆暴恐活动时有发生，安全形势严峻，直接制约新疆参与"丝绸

之路经济带"建设。其中,"东伊运"是公认的国际恐怖组织,对新疆威胁最大。只有从内部落实相关政策,从根本上解决经济发展问题,推进国内去极端化和反恐能力建设,才能实现稳定新疆的目标,使新疆真正成为"一带"建设的核心区,成为实现"民心通"的重要桥梁和纽带。

第四章

"丝绸之路经济带"
中亚投资环境及市场风险

　　"丝绸之路经济带"是基于"古丝绸之路"概念基础，以亚欧大陆桥为纽带，依托现代公路、铁路、航空和油气管道，从中国到中亚、中东再到欧洲的一条带状之路，被誉为"世界上最长、最具有发展潜力的经济大走廊"。这条陆上"丝绸之路"以中国为出发点，按照由近及远、逐步扩大的推进思路，可以划分为三个层次，即中心区域、扩展区域、辐射区域，其中处于第一层次中心区域的中亚地区是打通"丝绸之路经济带"的必经之地，也是世界著名的"经济凹陷带"。这里自然资源丰富，市场潜力巨大，但地区发展水平整体落后，经济基础薄弱，社会波动起伏较大，市场环境不似欧美国家那样成熟规范、有法可依、灵活开放，中国企业在该地区的投资建设、贸易往来在成本收益、投资安全上面临较大不确定性。对中亚国家的市场风险因素进行归纳分类，对风险带来的效益减损进行评估，对于消除在投资、贸易、税收、准入等方面的障碍以便利经济往来，保证中国企业在中亚的巨量投资和资本运作实现收益最大化意义重大。

一、中亚国家的经济现状

（一）经济体量和规模

经过 20 多年的转型发展，现阶段中亚各国在经济发展水平上拉开了距离。据世界银行资料，哈萨克斯坦 2013 年 GDP 总值达到 2244 亿美元，为中亚最大经济体[①]。乌兹别克斯坦独立以来经济发展较为稳定，近年来 GDP 增速维持在 8% 左右，2013 年 GDP 总量约 567 亿美元，2014 年国内生产总值 625.8 亿美元，但由于人口规模庞大，人均 GDP 为 2035 美元，仍属于中低收入国家。[②] 土库曼斯坦 2013 年 GDP 达到 418.51 亿美元，国家产业结构比例相对较为合理，经济维持持续较快增长主要推力源于高投资对油气、工业等产业的拉动效益。吉尔吉斯斯坦经济总量和人均 GDP 偏低，在中亚五国和独联体国家中都属于相对不发达的国家，2013 年 GDP 为 72.26 亿美元，仅占中亚五国 GDP 总量的 2.2%，经济增长主要依赖黄金出口，来自俄罗斯和哈萨克斯坦等国的侨汇是吉外汇收入的主要来源之一。塔吉克斯坦 2013 年 GDP 数量为 85 亿美元，在世界各国中排行靠后，其中在俄劳务移民汇回国内的汇款在其国内生产总值中占比高达 50%（这一比例居世界第一位）。塔人均

---

① 哈萨克斯坦资本网站，http：//www.kz.mofcom.gov.cn，2014 年 7 月 4 日。
② 乌兹别克斯坦国家统计署和央行数据，http：//www.360doc.com/content/17/0328/23/502486－640978754.shtml，2017 年 11 月 20 日。

GDP 远低于中亚其他国家，国内近半人口生活在贫困线以下①。
总体看，五国当中，哈、乌、土经济实力相对更强，发展速度
更快。塔、吉两国资源禀赋较差，经济实力较弱，发展严重依
赖外援。

中亚五国 GDP 和人均 GDP 情况（2013 年，现价美元）

国家	GDP	人均 GDP	人均 GDP 世界排名
哈萨克斯坦	2244 亿美元	9730 美元	64
土库曼斯坦	418 亿美元	5550 美元	100
乌兹别克斯坦	567 亿美元	1650 美元	132
吉尔吉斯斯坦	72.26 亿美元	990 美元	149
塔吉克斯坦	85 亿美元	860 美元	153

资料来源：世界银行。

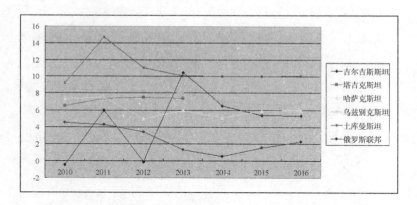

中亚五国和俄罗斯 GDP 增长率走势图

① http：//www.state.gov/r/pa/ei/bgn/5775.htm，2017－11－20.

（二）经济稳定性

据中亚各国政府发表的统计数据显示，哈萨克斯坦 2013 年的通胀率为 4.8%，2014 年通胀率为 7.4%，其中食品价格上涨 8%，非食品价格上涨 7.8%，服务价格上涨 6.4%。2014 年哈偿债率为 35.1%，高于国际警戒线 20%，负债率达到 72.3%，高于国际警戒线 20%，债务率为 180.2%，高于国际警戒线 100%。截止 2015 年，哈萨克斯坦对中国的债务规模达到 132.5 亿美元，占其债务总额的 8.6%。乌兹别克斯坦 2013 年消费价格指数为 7%，2014 年通胀水平在 7%—8%，2015 年预测通胀率最高为 6.5%。土库曼斯坦 2013 年通胀率为 10.5%，失业率是 60%，位列美国著名科技公司 Business Insider 公布的"五大最不幸国家"名单当中。吉尔吉斯斯坦 2013 年通胀率为 4%，2014 年为 8.2%。自 2008 年以来，吉外债总额持续高于外汇储备至少 9 亿美元，本币索姆自 2008 年以后稳步贬值，2014 年 4 月，索姆兑美元汇率为 54.4：1，较 2013 年贬值 11%，较 2008 年贬值 32.7%。[①] 2014 年以来，为维持索姆汇率稳定，吉国家银行已使用外汇储备金 1.98 亿美元。塔吉克斯坦 2013 年全年消费价格指数为 3.7%，通胀率达到塔独立以来的最低水平，其中食品类消费价格指数为 3.2%，非食品类消费价格指数为 6.1%，居民有偿服务为 0.8%。[②] 制约塔发展的关键问题是国内的外债水平始终较高，截至 2013 年年底，塔外债总额为 21.62 亿美元，占塔当年 GDP 的

---

① 《金融时报》，《中国—吉尔吉斯斯坦金融合作探析》，2015 年 2 月 2 日。
② 中华人民共和国商务部网站，http：//www. mofcom. gov. cn。

25.4%。2013 年，塔偿付债务本金 1 亿美元，利息 0.33 亿美元。塔外债来源有多边债务（约占 50%）、双边债务（约占 48%）和其他债务（2%）。在多边债务中世界银行、亚洲发展银行和国际货币基金组织所占比重将近 80%；在双边债务中，所欠中国债务占 84%。[①] 此外，权力党派斗争、民族宗教矛盾、边界水资源争夺等成为制约中亚国家经济发展稳定不可忽视的超经济因素。

（三）经济开放度

经济开放度即一个国家的经济自由化程度和对外开放包容程度，通常涉及国家政策是否封闭，政权家族势力和行政系统对商业的干预程度，对外汇的管制程度，对国际经济组织的参与度，对外国投资者的友好程度以及腐败猖獗的现象等。中亚国家中，吉尔吉斯斯坦的经济自由化程度很高，是独联体中第一个加入世界贸易组织的国家，无外汇管制，市场进入门槛较低。近年来，为了加快建立开放型对外经贸体制，中亚各国政府实行了一系列鼓励政策，包括扩大企业对外经贸经营权，逐步取消国家对外贸的垄断及对易货贸易的各种限制；采取免交减交所得税、关税等优惠税收政策吸引外商投资；采取法律、行政手段保障外国资本流入；实行金融信贷领域改革，加强外汇合理有效使用，逐步与国际接轨等。中亚五国与相关国家的双边贸易额逐年增长，以中国与中亚五国合作贸易额来看，据初步统计，2012 年，中哈贸易额达 286 亿美元，中乌贸易额首

---

① 中国网，http：//www.china.com.cn/opinion/think/2015-03/27/content_ 35173715.htm，以及 World Bank 与民生证券研究院资料，2015 年 3 月 27 日。

次突破 40 亿美元，增幅分别为 11.3% 和 58.3%。2013 年中国与哈萨克斯坦、乌兹别克斯坦、塔吉克斯坦、吉尔吉斯斯坦中亚四国贸易额达 402 亿美元，比 2012 年增长 13%。预计 2017 年中乌双边贸易额将达到 50 亿美元。但中亚有的国家至今相对封闭，有的外汇管制没有放开，有的对外国务工条件苛刻，有的民族主义倾向影响严重，有的注重通过税收等手段调控保护本国经济。而就中亚贸易发展整体而言，联合国开发计划署发布报告认为，俄白哈关税同盟正在为其成员国与世界上别的国家开展贸易制造壁垒，中亚国家积极寻求"入盟"阻碍其参与到全球生产销售链条中去。随着俄白哈关税同盟成员国的不断增加，将会产生更大的贸易转移效应，从而对中国与中亚等国经贸合作产生影响①。

（四）经济潜力

中亚国家油气资源丰富，矿藏种类繁多，其中哈萨克斯坦的石油天然气储量几乎占中亚地区油气资源的 80%，钨储量世界排名第一，磷矿石占世界第二位，铬铁矿探明储量居世界第三；乌兹别克斯坦的天然气、黄金和铀矿开采量分别居世界第 11、第 9、第 5 位；塔吉克斯坦的铅、锌矿储量以及土库曼斯坦的石油、天然气储量均居世界前列。中亚多数国家以油气、矿产开采和加工为国民经济支柱产业，石油天然气工业占其 GDP 和国家财政预算收入的比重相当高②，机械设备加工制造、

---

① 程云洁：《俄、白、哈关税同盟对新疆外贸的影响分析》，《俄罗斯中亚东欧市场》，2012 年 1 期，第 40—43 页。

② 见中华人民共和国驻哈萨克经商参处。2012 年，哈萨克斯坦石油天然气工业约占其 GDP 的 1/4 和国家财政预算收入的 2/3。http：//www.mofcom.gov.cn/article/i/jyjl/m/201310/20131000358591.shtml，2013 年 10 月 21 日。

纺织、日常用品制造等产业不发达，且科技发展水平一般，能源勘探开采技术落后，基础设施薄弱，通讯设施覆盖率低，港口运转能力有限，航空线辐射世界不足，设备更新能力差。以交通运输基础设施条件为例，乌国内公路通车里程4.3万公里，无高速公路，通行能力相对较差。铁路总长6000公里，电气化比例不足20%[1]。塔国内四条主要公路均为苏联时期修建，与中国唯一的陆路口岸海拔达到4000米，一年只有几个月可以通行，通行能力极低[2]。

中亚五国资源及产业状况

国家	资源状况	优势产业	工业占比
哈萨克斯坦	石油、天然气、钨、铀、铬、锰、铅、铁、铜、锌、铝、金	石油天然气开采、冶金和深加工、交通运输和通信、电力工业	39%
塔吉克斯坦	水资源、铅、锌、锑、钼、钨、铜、银、金、煤、铁、岩盐、萤石	采矿业、冶金、水电、化学工业、轻工业	26%
土库曼斯坦	石油、天然气、芒硝、碘、有色及稀有金属	石油天然气开发、电力、化学工业、纺织业、农牧业	48%
乌兹别克斯坦	天然气、石油、煤炭、有色金属、非金属矿产资源	石油化学工业、冶金工业、电力、化学工业	32%
吉尔吉斯斯坦	金、钨、锡、汞、锑、铁、水资源	石油化工、采矿、冶金、建筑装备制造等	26%

资料来源：世界银行数据库2009—2013。根据中亚国家发展报告，中亚五国基础产业包括石油天然气工业、采矿冶金、装备制造、机械加工等，未来产业方向有科研、教育、金融、贸易、生物制药、特色旅游等。

---

① 中国网，http://www.china.com.cn/opinion_57_126957.html，2015年4月13日。
② 中国网，http://www.china.com.cn/opinion/think/2015-03/27/content_35173715.htm，2015年3月27日。

二、中国与中亚投资贸易合作面临新机遇

中亚国家拥有价格低廉的原材料，高素质的劳动力，广阔的市场潜力，无论从地缘战略还是经贸发展来说，对中国具有重要的经济战略意义。当前，中亚各国迫切希望通过中国"丝绸之路经济带"带动本国经济发展，中国企业"走出去"面临新一轮市场机遇。

（一）五国对中国资金技术需求陡增

当前，中亚国家对于加强对外联系网络和基础设施建设，发展国际交通过境和物流经济，实现交通运输与贸易便利化，形成经济发展联动效应需求迫切，各国均希望中国加大对其能源、交通、通信等大型基础设施建设的融资力度。"丝绸之路经济带"倡议提出后，各国对中国"丝绸之路经济带"建设框架下提出的亚洲投资银行与丝路基金计划以及"互联互通"领域合作普遍给予了积极响应。哈萨克斯坦对"五通"中的交通运输领域合作寄予厚望，提出将开启"光明大道"新经济政策，出台了"2020年交通与基础设施发展规划"，筹划维修和新建3万公里公路，对11个大型机场进行改造，新开辟75条国际航线，融资需求相当强劲，借力"丝绸之路经济带"的意图明显。乌兹别克斯坦对2014年5月习主席建议在"一带"框架下制订发展中乌合作五年计划给予了正面回应。吉尔吉斯斯坦希望在中国的帮助下提升吉出口贸易额，带动吉工业经济发展。土库曼斯坦2013年与中国企业新签承包工程合同22份，合同额11.13亿美元，包括钻井总包项目、产能建设项

目、出口设备项目等。总体而言，中亚沿线各国普遍希望搭上中国经济发展快车，借助"丝绸之路经济带"实现贸易增长、投资增加和更深层次的产业合作，为中国实施"走出去"战略提供了重要的时间窗口。

中亚五国承接产业转移需求

国家	外资现状	产业需求
土库曼斯坦	石油天然气生产、纺织、建筑等领域	建筑、农业、通讯、纺织等领域
吉尔吉斯斯坦	2012年引进外资4.35亿美元，主要投资领域为加工业、能源、交通、采矿业等	石油产品、汽车、服装、天然气、医药
塔吉克斯坦	2012年吸引外资3.91亿美元，集中在公路修复、能源开发及贵金属矿开采和加工、食品加工、发展中小企业等	水电站建设、公路修复及隧道建设、通信网改造、矿产资源开采和加工、农产品加工等
乌兹别克斯坦	2012年共吸引投资117亿美元，主要在石油天然气工业、信息通讯、化学和石化、交通运输基础设施建设、轻工业、农业和水利业、建材和机器制造业等	机械制造和汽车工业、塑料和聚合物生产、食品工业和农产品加工、电子产业以及医药工业、绵纺织业
哈萨克斯坦	2012年引进外国直接投资155亿美元，主要集中在地质勘探和勘测、油气开采等领域	能源、轻工、信息技术、建材、机械制造、化工等

（二）双方能源合作和能源利益整合进入关键时期

中国与中亚国家在能源资源领域合作具有较好基础。2006

年，中国第一条陆上石油进口管道——中哈原油管道建成①。2009 年底，土—乌—哈—中（中亚）天然气管道实现单线竣工投产。2013 年该天然气管道 C 线哈境内段内竣工。目前，土库曼斯坦与中方就尽快启动中国—中亚天然气 D 线建设达成协议。乌、吉、塔分别同中方签署了 D 线过境协议。2014 年 9 月，D 线塔吉克斯坦段开工仪式在塔首都杜尚别举行。② 此外，中方同哈、土、乌、吉四国还商定了一批新的大型能源合作项目。③ 随着中国与中亚国家一批能源建设项目的顺利实施以及中亚国家对能源矿产行业技术水平日益重视，中国企业在哈、乌、土等国将有更大的投资空间，双方之间的能源合作与利益整合也进入关键时期。如何确保油气管道长期、安全、高效、稳定运行，如何进一步扩大与中亚地区国家能源合作成果获得新的储备资源，如何应对中亚能源销售和进口渠道多元化发展趋势继续赢得中亚合作市场，中国企业面临新的考验。

---

① 中哈原油管道是我国首条长距离跨国输油管道，西起哈西部的阿特劳，途经肯基亚克、库姆科尔和阿塔苏，从中哈边界的阿拉山口进入中国新疆境内，全线总长度 2800 余千米。目前，中哈原油管道增输扩建改造工作已完成，管道实际输送能力已达到年 2000 万吨。

② 中国—中亚天然气管道 A/B 线与国内西气东输二线相连，C 线与西气东输三线相连，D 线将与国内正在规划的西气东输五线相连。

③ 如，哈鼓励两国企业在油气田勘探开发、原油加工和扩大对华能源出口等新项目上开展合作，支持中国石油天然气集团参股卡沙甘油田建设，商定加快实施阿特劳炼化厂现代化改造项目建设和阿克套沥青厂建设。据哈国最新官方资料统计，有中国参与的公司在哈国石油开采部门所占份额达到 20%，中国在哈国石油天然气部门全部外资占比为 26%。见袁培：《以"丝绸之路经济带"建设助推中亚地区能源合作》，天山网，www.ts.cn，2014 年 1 月 2 日。中土两国就实施阿姆河右岸气田和"复兴"气田开发项目签署了气田产能建设工程设计、采购、施工合同和天然气购销协议。中乌、中吉决定继续扩大能源合作，积极推进正在实施的能源发展项目。

（三）中亚国家拓展非资源领域合作愿望迫切

近年来，中亚国家持续推进经济结构调整，试图摆脱对能源经济的依赖，寻求新的经济增长路径，逐步将双边合作的关注点转向金融、农业、电信、基础设施建设、高科技等非资源领域。各国政府通过制定工业发展纲要，与中方签署关于加强非资源和高科技领域合作规划，一系列大型合作项目都在顺利实施或在积极探讨之中。特别是受当前国际大宗商品持续低价的影响，各国政策制定者更愿意将资源从金属矿产转向其他有利促进增长的国民经济优先领域，通过实现平衡过渡和推进改革支持非资源行业的增长。"丝绸之路经济带"倡议迎合了中亚国家经济发展战略调整的现实需求，为快速发展的中国经济同中亚沿线国家利益相结合搭建了一个巨大的发展平台。中亚地区目前已成为中国企业开展境外投资和经济技术合作的热点地区，双方合作潜力巨大。

中国对"一带一路"沿线国家直接投资流量的区位分布（单位：亿美元）

	东盟	西亚	独联体	中亚	南亚	东亚（蒙古）	中东欧	总量
2003	1.2	0.2	0.3	0.1	0.1	0.0	0.1	2.0
2004	2.0	0.4	0.8	0.1	0.0	0.4	0.0	3.8
2005	1.6	1.2	2.1	1.1	0.2	0.5	0.1	6.7
2006	3.4	2.6	4.7	0.8	-0.5	0.8	0.2	11.9
2007	9.7	2.5	4.9	3.8	9.4	2.0	0.3	32.5
2008	24.8	2.1	4.1	6.6	4.9	2.4	0.4	45.3
2009	27.0	7.3	3.6	3.5	2.8	2.8	0.4	45.3
2010	44.0	11.0	6.3	5.8	4.2	1.9	4.2	77.4
2011	59.1	14.3	7.4	4.5	9.4	4.5	1.3	100.2

续表

	东盟	西亚	独联体	中亚	南亚	东亚（蒙古）	中东欧	总量
2012	61.0	14.5	9.0	33.8	4.4	9.0	1.5	133.3
2013	72.7	22.3	11.6	11.0	4.6	3.9	1.0	127.1
合计	306.4	78.3	54.8	71.0	37.2	28.3	9.5	585.5

资料来源：CEIC。（资料显示，中亚是中国直接投资规模仅次于东南亚和西亚的地区，2013 年底，中国对中亚的直接投资存量为 71 亿美元，占中国"一带一路"沿线国家的投资额比例为 12.1%。）

三、中亚投资环境及市场风险指标分析

"丝绸之路经济带"建设的推进必将为企业提供广阔的合作共赢空间，但中亚国家经济体量偏小，经济稳定性较差，经济开放度不够，经济潜力尚待挖掘，加之各国在政治、社会发展等方面存在诸多特殊国情，当中国企业大踏步迈出国门之时，既面临难得的发展机遇，也面临巨大的市场风险。

（一）宏观经济风险

中亚五国经济基础薄弱，经济结构单一，经济增长内生动力不足，其资源性经济弹性和韧性较差，对国际市场的依赖性很强，容易受到域外经济波动的影响。据国际货币基金组织评估，2014 年，西方对俄制裁对中亚各国构成间接打击，使中亚 GDP 的增长速度降低了 1%—1.5%，从 7% 下降到了 5.5%，外国投资者在中亚面临的风险在加大[①]。受国际大宗商品、原

---

① Minchenko Consulting 公司 2014 年《外国投资者在中亚国家面临的政治风险评估》，http：//www. casianews. com. cn/，中国新闻网站，2015 年 2 月 25 日。

材料价格下跌，油价下行的影响，各国为减轻经济受到的冲击，可能会削减投资项目，调整外国劳动力在本国的就业政策，收紧外籍劳工配额，寻求本地替代，这无疑会增加项目成本、影响工程进度。

（二）财政税收风险

在债务问题上，由于中亚国家经济结构调整和经济转型存在很大不确定性，部分国家内部面临政治稳定及经济转型压力，外部面临经济再平衡和资本外逃风险，信用水平表现相对较弱，政府财政赤字较高，债务繁重，偿债能力令人担忧。据中诚信国际的评级结果，中亚除哈、乌外，其余三国主权信用均在 BBBg– 以下，部分国家存在主权信用级别下调风险。其中，吉财政赤字高出国际3%的警戒线，外债持续高于外汇储备；塔外债水平较高，举债限制使得其国内建设放缓，不得不限制中资企业进入。

在税收缴纳上，中亚国家在个别领域仍存在税收歧视或不同程度的与其法律法规相矛盾的垄断现象。有些国家虽然与中国签订了避免双重征税的协议和对应的优惠政策，但在实际操作执行过程中其税务部门为了增加本国税收收入，会在执行过程中设置重重障碍，如要求中国股东或贷款人提供各种证明文件，且都要进行翻译和公正，往往到了付息日，税务部门以项目公司提供的支持文件不符合要求为由，不给予优惠利息税[1]。

---

① 李志强、钱新：《哈萨克斯坦国油气合作项目税收管理策略研究》，《当代经济》，2014 年第 2 期。

（三）金融市场风险

中亚国家金融发展水平偏低，金融组织体系不健全，金融市场化程度不均衡，金融市场开放度有限，随着美国预期加息，中亚金融市场动荡的风险增加。受乌克兰危机、俄罗斯卢布贬值的直接影响，中亚五国货币均出现不同程度的贬值。根据各国央行数据显示，自2015年初以来，1美元对吉索姆汇率已从58.89提升至62.83，索姆贬值6.69%。为稳定货币市场，吉央行于3月24日以840万美元干预汇市，这已是2015年第八次对外汇市场进行干预，总金额已达1.42亿美元。[①] 而2015年初至3月底，塔本币索莫尼对美元汇率已下降约8%，[②] 由于货币持续贬值，塔政府已经加大对货币的管控，停止增加货币供应量，以遏制经济和商业环境进一步恶化。显然，投资国通货膨胀将引发物价和工资上涨，直接增加项目成本，降低企业利润；大幅度的汇率变动使资金汇入前看涨、资金收回时看跌，导致企业遭受损失；中亚国家银行间支付手段单一，贸易结算方式落后，货款拖欠现象普遍，外汇换汇程序复杂，效率低，公司所得或投资者合法收益不能如期如数返还转出，严重影响交易资金周转及经济效益，影响企业正常经营。

（四）基础设施风险

受环境制约，中亚基础设施建设条件复杂、难度大，回本

---

① 《首份"一带一路"沿线风险评估报告：愿景与挑战》，《东地产》，2015年4月17日。

② 《首份"一带一路"沿线风险评估报告：愿景与挑战》，《东地产》，2015年4月17日。

过程长，盈利前景不明朗，其收益可能在很长时间内难以弥补运营赤字。中国企业的基础设施投资一方面将面临投入大、风险大、周期长、收益少的局面，另一方面可能会引起当地民粹势力的警惕与反弹，导致其中一部分工程项目有可能成为"坏账"。

各国运输技术标准不统一，跨境运输协调机制不完善，存在铁路过境运输换轨，车辆载重量标准不统一，交通网络衔接度低，国际联运潜力受限等问题。目前，中国虽同中亚等周边国家之间缺乏运输协调机制和有效的区域铁路管理办法，多边运输依然面临一些困难。①

一些口岸建设滞后、设施破旧且布局存在缺陷，软件服务水平低，边界管理机关效率低下，加上签证制度严格，过境手续复杂，甚至存在不作为索贿受贿的现象，通关不畅问题严重，对跨境物流影响消极。

（五）政策法规风险

一是中亚个别国家有关税收和产业等政策法律相对薄弱，法律法规朝令夕改，随意性较强，政策的连续性受未来国内局势的变化存在一定变数，频繁的政策调整或法律法规缺失给双边合作稳定打上问号。

二是中亚五国司法机关不相对独立，权力部门腐败现象较为严重，在贸易立法、管理体制、投资环境、金融服务、法律

①　以中国最西端的阿拉山口为例，铁路在中国这边是标准轨距，在哈萨克斯坦那边是宽轨，所有货物都需要换车，笨重的货物倒来倒去，长长的列车不得不等待，过境车体换装必然导致运输时间和成本的大幅增加，路线"连而不通，通而不畅"。中亚两端的中国和伊朗使用的都是1435毫米国际标准轨距，这也意味着打通中国与伊朗的准轨连接需要重塑独联体境内的现有轨道，这无疑会遭到以俄罗斯为首的宽轨联盟的坚决反对。

保障、政府管理等方面还存在不透明等诸多不符合市场经济要求和国际惯例的障碍和问题。

三是中亚区域内低水平市场经济使得很多市场行为被政府行为所替代，行政命令式经济给中国企业投资经营带来不小风险。随着"丝绸之路经济带"建设步伐推进，不排除当地政府迫于执政压力，在劳工标准、安全环保、招标程序、并购法律、安全审查、投资流程等方面调整政策和司法程序，设置障碍，进行利益盘剥、企业征收或违约叫停建设项目。

四是五国因经济相对弱势在投资准入规则和制度选择方面较为保守。随着中国产品在中亚市场上的份额不断扩大，一些国家从自身利益出发，可能通过实行进口产品差别税率，通过"海关审计"高估通关货物价值，通过检验检疫手段提高技术标准和安全检测要求，对服务贸易实行严格的许可证制度等，对我国企业和产品设置贸易壁垒，提高投资经营活动准入门槛，企业可能面临检测费用上升、关税成本增加、投资所持股份受限等问题和障碍。

五是各国还未对中国"一带"倡议达成完全共识，缺少共同认可和普遍遵循的多边经贸合作制度和行动准则，企业可能面临适应不同国家法律以及母国与东道国之间双边协定所导致的无所适从，以及遭遇东道国战乱、国有化或法律政策不利影响时，无法得到法律救济和援助的境况。

（六）区域协调风险

中亚沿线国有着不同的经济发展状况，各国制度和法律差异很大，发展和开放程度不同，各方利益和诉求千差万别，区域经济一体化发展滞后，区域经贸协调和市场合作多处于双边范围内的低水平、低层次初始阶段，跨区域、多边范围内的深层次区域合作进展缓慢①。各经济体之间缺乏合作的内在动力和有效的协调机制制约了各国间的优势互补，构成区域经济壁垒，为管线建设等跨境合作项目顺利实施带来不确定风险。

四、"丝绸之路经济带"倡议
实施中的市场风险防范

"丝绸之路经济带"倡议的提出，源于对国际局势的判断，源于对自身实力与战略目标的认知，也源于驾驭各种复杂局面的勇气与能力，既是水到渠成的结果，也体现了大国外交的自信。其实施不仅只是通过政府发动、企业主导、市场推动、国际合作，促进欧亚大陆范围内的资本、商品、人员、服务流动，更要能够克服市场运营潜在风险，从中获得直接和间接的经济回报。

（一）树立市场风险防范意识，做好"走出去"的前期准备

细化沿线市场风险评估，是避免损失的首要环节。加强与中亚国家的经贸合作必须扎实搞好前期调研，对可能出现的风险加以预判，严防盲目乐观，操之过急，一哄而上。

从国家层面，应统筹整合全国的信息力量和情报资源，建立统一的科学论证机构，加大对投资国风险研究的力度，全面

---

① 李宁：《"丝绸之路经济带"区域经济一体化的成本与收益研究》，《当代经济管理》，2014年第5期。

了解东道国的政治、经济、法律、文化、社会、技术、民族宗教特点等因素，对局势变化做出及时准确的判断，对可能面临的市场风险和安全保障需求进行全面评估，对具备一定基础和可行性的重点合作项目搞好前期论证，对重大规划、重大项目进行认真审议；加强对地方官员和企业人员政策法规综合培训，为企业"走出去"提供情报、信息、人才支持，为企业"走出去"风险勘探给予协调保障，为企业提高投资成功率提供指导参考。

从企业角度，根据每个国家的具体国情、市场环境以及经济形势，甄别投资信息，制定资本项目选择、投资配置、管理策略、合作实施方案、项目推进规划、风险管控办法以及风险收益预期；要有长期安全投资意识，充分考虑各种限制因素，避免开工后的烂尾工程；加强法律意识，加强对沿线国法律制度的理解研究，完备法律手续，规范企业行为；积极寻求中国政府和所在国政府部门的政策支持以及亚投行、丝路基金等组织的支持；建设并打造精干专业的商务团队，培养熟悉国际情况、外语好、对外打交道能力强的管理和商务人员；探索并建立针对海外市场的财务税收管理筹划模式，努力熟悉国际运作模式，精妙运用国际市场游戏规则；可考虑在国家有关部门协调下，通过组织民间商会、海外投资者协会等社会组织，抱团取暖，提升与当地政府沟通、与当地社会的谈判能力，综合运用法律、外交、谈判等手段维护捍卫企业利益。

（二）以开放的心态接纳各方积极参与，建立包容性风险规避机制

突破传统区域经济合作模式，构建开放包容的体系，最大

限度地减少运行阻力。处理好与多元力量的竞合关系,适度满足其合理利益诉求,视情在资金、技术、经验上与各方开展一些选择性合作,实现利益结构多元化,努力提高战略兼容度和行动协调度,使多方受益成为化解分歧、分散风险的有利手段。

可通过召开"丝绸之路经济带"峰会,推进签署双边或多边投资贸易保护协定,注重以双边、多边合作方式保护海外利益。利用现行国际法、国际规则及机制,维护人员生命财产安全、能源供应安全和海外市场拓展。积极构建国际性和地区性多边或双边安全合作机制,利用国际规则制定、议程设置和程序安排保障中方权益。

(三)保持合理的推进节奏与目标预期,深化各领域合作

把握对方认同程度及自身能力限度,先易后难,由近及远,逐步推进;目标设定避免过高过急,以免盲目铺摊设点、战线过长、失速脱轨。一方面,要保持足够的战略定力和韧性,戒除"急躁",树立长期经营、战略经营、深耕细作的理念;另一方面,要见缝插针,抢抓机遇,顺势而为,造势而行。以创新思维和实际行动,通过深化各领域合作,有针对性加强政策沟通、强化利益协调,调动各种资源,扩大支持基础,积聚合作正能量。大力推动互联互通建设。发挥政府引导作用,整合创新融资渠道。加快建立跨国油气管道安全稳定运行机制,确保油气运输安全。加强与相关国家交通建设规划、技术标准体系对接,推进建立全程运输协调机制,促进国际通关、换装、多式联运有机衔接。对于地质条件复杂的山区道路,可通过工程保险转移给保险公司,在项目补充协议中清晰

定义不可抗力，做实关键节点。深化产业合作。充分利用中亚国家市场条件，投资建设自身具有优势和中亚国家急需发展的产业项目和民生惠生项目，契合沿线国家实现工业化的诉求，进一步实现经济融合，建立利益共同体。深化能源资源合作。关注中亚国家能源政策变化，对美国、俄罗斯等主要经济体与中亚国家的能源合作应有相应的博弈对策。多提供有效的帮扶和民生项目，逐步形成彼此需求、市场共享的全方位合作机制，为开辟和不断拓展新的能源供给市场和供给线路扫平民间障碍。建立全方位的能源储备、能源价格调整机制和能源危险预警及控制机制，提高应急和风险管控能力。拓宽金融合作领域。积极研究在货币互换、本币结算、人民币现钞调运、银联卡等方面的合作机制，不断扩大人民币跨境结算渠道。通过签署合作协议，推进双方商业银行机构互设等深层次合作。推进金融机构在关键领域和重点项目间的务实合作，为中亚国家处于领先地位、具有技术优势的运营商与中资企业的合作提供融资方便和支持。

（四）建立必要的海外保障体系，推动军事力量以和平姿态"走出去"

一是综合施策，多措并举。政治、外交、经济、安全、法律斗争手段紧密配合，形成整体合力，尽可能化解矛盾，减少摩擦与冲突。二是在海外资产和海外公民相对集中的国家和地区设立专门的安保机构，探求国际安全合作的有效途径。三是加大与中亚国家外交、司法、商务、劳动等部门的沟通与合作，建立有关刑事、民事、商事等司法协助的法律合作机制，为共同打击违法犯罪奠定法律基础。四是以新生安全需求为牵引，随着商业活动的开展，在相关经济合作机制框架内，以国家和地方为主体，由海外中资机构运作，由企业出面与相关国家签订长期、短期或临时租赁协议。建立前沿补给保障基地，塑造有利战略态势和部署格局。科学设计和确定军事力量"走出去"的时机、方式、规模和范围，进一步延伸军事力量的活动范围，为海外利益安全提供战略支撑。

第五章

中亚国家转型与
"丝绸之路经济带"建设面临的挑战

中亚国家当前处于民主政治转型、经济转轨、社会生活转变过程当中，地缘环境和转型时期的特殊性使得中亚国家在政治民主化进程、经济社会发展、对外关系交往等方面存在诸多矛盾与问题，改革和改革强度也存在很大的不确定性，隐藏高度不稳定因素，并给中国"丝绸之路经济带"建设的推进带来不少阻力与挑战。

一、中亚国家转型发展过程中的不确定因素

中亚五国地处欧亚腹地，曾是古代丝绸之路的通道，历来是兵家必争之地。20世纪90年代初，五国相继独立建国，政治经济制度和社会生活发生了巨大变化。当前，根据经济基础、文化传统和地缘环境确定内外政策目标，逐步完成社会转型，建设现代化民族国家，是这些国家的共识，但是由于受到

内外环境制约，加上安全形势一直比较严峻，中亚国家民主化进程缓慢，政治体制改革、经济社会转型、民族宗教形势、对外关系发展存在许多不确定因素。

权力交接面临考验，民主政治改革任重道远。中亚国家政府从政治纷争中以民主的方式产生，但民主仍然处于早期阶段，建设民族国家的过程远未完成，社会公平和睦尚未建立，威权统治下的政治稳定存在较大风险。以哈萨克斯坦、乌兹别克斯坦为例，两国现行权威政体赋予总统以广泛的权力，国家体制和发展模式选择带有国家精英特别是最高领导人的主观色彩。目前，哈萨克斯坦进入"老人政治"时期，面临"后威权时代"可能出现的权力继承问题。虽然其国内试图通过政治改革对未来总统权力交接和政权过渡进行制度性的设计与安排，于 2007 年通过新修改的宪法，政治体制转向总统议会制，以为"后领袖时代"做政治上的准备，但体制转型进程被不断推迟，暂时还无人敢问津总统宝座，政治精英替代问题仍存在诸多不确定性和不可预测性。乌兹别克斯坦总统卡里莫夫是一个长袖善舞的政治强人，一直用铁腕手段稳固地掌握着这个中亚国家的最高权力。卡里莫夫去世后，其政权在各方努力下实现了平稳过渡，但强人政治身后的继承者如何平衡来自国内不同地区政治集团围绕权力归属展开的明争暗斗，维持政治局面稳定仍经受考验。

社会民生面临诸多问题，经济转轨困难曲折。中亚国家自独立以来，先后经历了传统经济联系中断导致的经济大幅下滑、恶性通货膨胀，以及 1998 年亚洲金融危机、2005 年"颜色革命"、2008 年全球金融危机的冲击和影响，经济转轨在内外环境发生急剧变化背景下艰难前行。哈、乌、土等国经济发展基础薄弱，结构性矛盾突出，在向市场经济过渡过程中能源和资源出口在国民收入中的比例居高不下，目前仍无力摆脱对境外市场和外资的依赖。伴随各国经济改革的进行，出现社会分化加剧，贫富差距拉大，贪污腐化盛行，犯罪现象严重，宗教极端主义传播等大量社会问题和现象。以乌兹别克斯坦为例，官方失业率为 5.4%，但实际可能高达 20%。年龄在 25 岁以下的人口超过 1200 万，占全国总人口的 40%。在国际透明组织发布的 2015 年度"全球清廉指数"里，乌兹别克斯坦在 168 个国家中排在第 153 位；在世界银行发布的 2016 年营商环境报告中，其在 103 个国家中仅列第 87 位。① 在当前世界经济形势不确定因素增多、前景不明的情况下，中亚多数国家以能源出口为根基的经济结构和社会保障体系极具脆弱性，如何发展经济防止民生陷入困境，如何把社会矛盾控制在临界点之下，解决贫困、失业、腐败等问题保持经济和内部稳定备受内外关注。

地区民族矛盾突出，国家间关系紧张。中亚地区多民族聚居，民族成分复杂，历史上沙俄和苏联时期的强制移民政策给该地区遗留下棘手问题，地区经济和文化发展失衡导致地区民族部族间矛盾突出，地区民族冲突和民族反抗斗争事件时有发生。在发生了内战和暴乱的塔吉克斯坦，代表不同地区利益的政治集团争斗不休，地区间矛盾根深蒂固。吉尔吉斯斯坦经历了 2010 年 4 月的暴乱和 6 月的南部骚乱以后，南北矛盾和民族仇视并没有得到有效缓解，南部地区成为随时可能再度爆炸的火药桶，而其国内针对乌兹别克人的血腥冲突让邻近的乌兹

---

① 《中亚：极端主义爆发的下一个触点》，《财经》，郝洲/文，2016 年 9 月 18 日，http：//blog. sina. com. cn/s/blog－645ffc150102wpoo. html，上网时间：2017 年 6 月 20 日。

别克斯坦难以置身事外，潜藏的民族冲突因素成为吉乌关系中避绕不开的一个难题。目前，中亚各国面临如下民族问题有待解决：一是各国主体民族的民族主义倾向抬头，俄罗斯人与当地民族之间的对立矛盾升级；二是同一国家不同地区之间存在因发展不平衡而引发的民族和部族矛盾；三是同一民族生活在中亚不同国家引发的族际矛盾；四是随着各国内部民族主义情绪上升，国家之间因为水资源争夺、边界划定等问题可能出现对抗。

大国博弈暗流涌动，"颜色革命"危险依旧。中亚国家自然资源丰富，地理位置重要，地缘政治环境长期缺乏稳定，历来是大国虎视眈眈、你争我夺之地。美国从未放弃对中亚地区进行民主化改造的企图，俄罗斯强化对该地区的整合也从未停止过，一旦个别国家铁腕政治人物的统治放松或平衡外交技巧失效，能否挺过美国的民主化改造、抵御住俄罗斯的外来强力干涉也未可知。

二、中亚国家转型过程的 总体特征和两难处境

"从中亚自身来说，历史与地缘特性决定了它是一个主体性不稳固的、依附性较强的存在"[①]，五国在体制转型过程中呈现如下矛盾及特征：

一是维护政权稳定与开展政治改革之间的矛盾。中亚国家虽然都以西方民主政治模式为蓝本开始民主政治转型，国家宪

---

① 昝涛：《地缘与文明：建立中国对中亚常识性认知》，http：//www. sohu. com/a/116624530－488111，上网时间：2017 年 11 月 20 日。

法都规定了建立民主国家的目标，但在建立什么样的民主国家才符合本国国情，以何种方式向现代民主国家过渡，如何处理传统与现代的关系等问题上存在很大分歧。国家执政者由于担心改革或"民主化"可能导致动荡，对政治改革小心谨慎；下层民众希望变革，但又对既得利益集团以变革为幌子聚拢利益和资源心存恐惧；反对派在政治民主化的问题上最为积极，但实力有限且目的不一，有的是真的希望推进政治民主化，有的是借着民主化旗帜搞政治投机，还有的想建立政教合一的国家。尽管中亚国家不同阶层对于政治发展道路存在很大争议，但各国都主张按照自己的方式建设民主，反对外来干涉，同时承认部落、血缘、地域等传统要素在政治生活中的影响。截至2013年止，中亚国家基本上经历了建立总统制，巩固扩大总统权力，实行保守政治改革的政治发展路径。目前，除了吉尔吉斯斯坦从总统制改为议会制外，其他中亚国家仍保持总统制，或处在向总统议会制过渡阶段，强人政治的特征依旧。

　　二是推进经济自由化与维护经济安全之间的矛盾。苏联解体后，经济结构比较单一的中亚各国旧有经济链条断裂，面临资金、技术、人才、市场等方方面面的困难，各国不得不寻求经济多元化，经济自由化发展。中亚国家开放市场，同时普遍保持较高强度的政府监管。土乌两国的政府监管最强，对于重要的战略性行业始终保持国家控制。如，土在天然气输出路线上采取"实用主义政策"，外国公司在土境内从事经营活动的许可证以及人员入境签证均由土总统亲自批准。乌国内棉花种植和收购由国家统一安排，出口伙伴和交易价格由国家确定。哈吉两国经济改革和对外开放程度更大一些，但最近几年，两国国内都出现修改与外商签订的合同，将资源重新收归国有，维护本国经济安全的呼声。

三是碎片化的地区现状与区域一体化趋势之间的矛盾。中亚国家在政治制度、决策机制、经济规模、发展模式、宗教文化、民众生活水平等方面都存在着巨大差异，经济政策和法律法规各不相同；各国对"中亚"这个"整体"缺乏主观认同感和归属意识，在促进地区一体化方面意愿不强，顾虑很多；同时，各国对于国家独立和平等非常敏感，缺乏相互妥协精神，彼此之间也不很认同。如，哈萨克斯坦在经济发展方面遥遥领先，但其并不愿意成为中亚一体化的发动机，替邻国的麻烦事"买单"。乌兹别克斯坦认为自己才是中亚的领袖，并不认可哈的地位和影响，对于其地区倡议嗤之以鼻。土库曼斯坦作为中立国，实际上从一开始就基本置身于地区一体化进程之外。吉塔两国因自身经济比较困难，很难为区域一体化"输血"。中亚各国还在领土边界、水资源、能源、海关、交通等方面存在矛盾，有的国家之间长期关闭边界或者在边界布雷，有的彼此设置贸易壁垒和海关限制，限制人员往来和货物运输，虽然各国均意识到一体化是寻求国家发展的总趋势，同时该地区也存在着多种区域一体化合作机制，但中亚始终没有实现真正的一体化整合和有效的区域经济合作。

三、中亚国家转型对 "丝绸之路经济带" 建设推进带来的挑战

以基础设施建设为主的经济行为是中国 "丝绸之路经济带" 倡议对沿途国家经济进入的主要方式，从全局看，"丝绸之路经济带" 倡议符合中亚沿线国发展经济、改善民生的根本

利益，得到了各国的普遍响应和支持。然而，未来各国转型在走向进一步成熟的同时，也将伴随着巨大的政治经济社会等方面的不确定性，中国投资合作建设项目的顺利推进面临不小的挑战。

一是在中亚威权政治"脆弱的稳定"下，如何保证"丝绸之路经济带"倡议不会重蹈西方媒体所称的"缅甸综合征"。中亚多数国家目前仍然实行的是"强人"统治下的威权主义，作为政治准备尚不充分时期实施的一种民主模式，各国领导人被推到改革最前沿。威权主义在为中亚强势人物放手施展政治抱负、用"猛药治沉疴"提供制度保障的同时，并不能在短期内解决国内所有问题，国家在未来的十几年间在政权模式和对外政策上可能会有较大摇摆，在政治稳定、政策持续等方面存在很大不确定性。

案例一：中、吉、乌跨国铁路因吉政权变动受阻。

1997 年，中、吉、乌三方就修建联通三国的铁路项目签署备忘录，并成立了联合专家组进行项目可行性研究。从 2000 年起，中方耗资 2000 万元人民币论证确定了海拔位于 2000—3600 米山地的铁路线，中吉政府也就项目融资问题达成了"资源换贷款"的合作模式和意向。然而，2010 年 4 月，吉国内形势突变，巴基耶夫总统在政变中被推翻。由于吉新政府将这一项目与已被推翻的巴基耶夫政权挂钩，吉国内对该项目的反对呼声很大，直接导致中、吉、乌铁路建设陷入困境。不久，新上台的阿塔姆巴耶夫总统迫于国家建设资金需要又重启该项目，但提出了改变中、吉、乌铁路走向的新主张，并明确反对前任政府关于"资源换贷款"的融资方案。由于中吉双方始终不能就项目的建设资金来源、吉境内线路走向和轨道技术标准达成一致，吉政府一直拖延批准中、吉、乌铁路的可行性研究报告。2013 年 12 月，吉总统在不做任何解释的情况下否决了中、吉、乌跨国铁路项目，并提出了新的南北铁路建设方案，至此这一跨国铁路项目陷入被冻结的状态。

案例二：哈萨克斯坦土地改革方案引燃积攒已久的社会矛盾。

2016 年 4 月至 5 月间，因土地改革方案引起的局部骚动和抗议浪潮在哈萨克斯坦各地爆发。针对国家时政紧张。对农业大量补贴的政策难以为继的现状，哈当局希望通过土地改革，实行土地私有化和扩大对外国的租赁以应对困难。负责落实政策的土改委员会成立后，抗议中的热点就是外资是否获准购买土地以及哈政府是否存在倒卖土地的嫌疑被边缘化，人们更加关切如何高效利用和分配本国土地的国内土地矛盾。"中国威胁论"在中亚国家中以哈萨克斯坦最为流行，少数人不时借机炒作，因此反对者中有人将矛头指向中国，反对中国租赁土地，理由是中国大量使用化肥的耕作方法会破坏土地，并且会带来大量移民。哈某些人以"土地退化"为借口反对中国租赁土地，实际是担心中国人大量进入哈萨克斯坦，中方须认真对待，因这不仅涉及土改问题，还会影响到中哈两国在其他领域的合作。

第二，在中亚经济发展水平总体落后的商业环境和贸易背景下，如何创建可持续的新的发展方式构建利益共同体。中亚经济起步于第二次世界大战后期，其经济发展水平在当时苏联各加盟共和国中一直处于相对落后状态[①]。独立以来，中亚各

---

① 罗伯特·康奎斯特：《最后的帝国：民族问题与苏联的前途》，华东师范大学出版社，1993 年版，第 166 页。

国经济都有不同程度增长，但大多数中亚国家收入水平仍然很低，经济结构单一，商业运营环境不佳。如何使中国大型基础设施投资项目保持稳定的收益率，避免出现融资成本高、回报率低、债务负担攀升、项目泡沫化的窘境和危机；如何合作建设资源加工业，加工制造业以及服务业，改变以往中国与中亚国家的经贸关系主要局限于资源领域的状况；如何让各国分享中国经济增长果实，使其经济得到更为全面的发展，让彼此双方从中得到更大的拓展空间和利益收获是未来需要面对的挑战之二。

第三，在中亚国家对区域经济一体化存在疑虑的情况下，如何保证各国愿同中国"丝绸之路经济带"一起"大步前行"。由于政治、经济、文化等诸多原因，中亚国家普遍关注主权问题，对主权让渡极为敏感，对区域一体化合作缺乏足够的热情和诚意，加之各国有各自的国家发展规划和经济发展节奏，如何定位中国与沿途中亚国家的关系，打消各国对与中国经济依赖度高可能成为新版"香蕉共和国"① 的担心；如何规范中方企业的意识和行为，妥善处理文化差异和民族主义情绪，让各国确信参与"丝绸之路经济带"建设对自己安全上无害乃至有利，经济上利大于弊，文化上不会受到冲击，避免其以中国推动大型"互联互通"项目会带来生态环境污染、文化传统与生活方式改变以及移民问题等为由加以抵触；如何恰当处理沿线国家当地的公共关系，关注当地民众的现实需求，化解其对中国投资意图的不信任与猜忌，获得其认可与配合；如

---

① 香蕉共和国（Banana Republic），是一个经济体系属于单一经济（通常是经济作物如香蕉、可可、咖啡等），拥有不民主或不稳定的政府，特别是那些拥有广泛贪污和强大外国势力介入之国家的贬称。通常指中美洲和加勒比海的小国家。

何有效利用现有多边自由贸易体系和投资合作机制，扩大区域内合作的深度和广度是未来需要面对的挑战之三。

第四，在中亚国家内外矛盾错综复杂的情况下，如何加强"丝绸之路经济带"的整体战略设计。中亚国家民族宗教矛盾由来已久，局部冲突时有发生，转型带来诸多安全问题，涉及地区政局稳定、经济发展、社会安定和国际和谐，这一地区的任何大国地缘政治博弈，小国政治动荡都可能导致中国投资失败，加之中国"丝绸之路经济带"投入的大量资产并没有类似当年"马歇尔计划"实施时美国那样对西欧的军事保障，如何从战略高度对"丝绸之路经济带"建设进行整体性、现代性重构；如何发展扩大与中亚国家的经贸与投资合作，并使双边及多边贸易向多层次、多领域发展；如何把与中亚五国的经济合作同中国西部地区的稳定与发展甚至同国内的经济结构调整升级结合起来；如何推动与中亚国家的经济交往走向更广泛的国际合作是未来"丝绸之路经济带"建设需要面对的挑战之四。

中国在"一带一路"沿线国家投资失败的大型项目的
区域分布（单位：亿美元）

	东盟	西亚	南亚	中亚	独联体	中东欧	东亚（蒙古）
2005				13.9			
2006	19.8	160			25		
2007	72.5			1.1			
2008	3						
2009			18.3				
2010	8.6	6.2					
2011	36					4.5	
2012	5.1	67				1.9	12.4

	东盟	西亚	南亚	中亚	独联体	中东欧	东亚（蒙古）
2013	3.1	37.7	28.7				
2014	11.9	25					
合计	160	295.9	47	15	25	6.4	12.4

资料来源：The Heritage Foundation。（资料显示，"丝绸之路经济带"所经的西亚地区是投资失败的大型项目主要分布区，中亚相较于西亚和东盟地区，投资失败项目的规模较小，中国在中亚地区投资失败的项目主要位于哈萨克斯坦和乌兹别克斯坦。）

四、应对风险挑战，推进"丝绸之路经济带"建设

"丝绸之路经济带"建设的顺利推进与中亚沿线国的国内政局发展密切相关。中国应树立风险意识，提前预做准备，努力把与中亚国家的投资合作和经贸往来做成"铁打的营盘"，确保将来不管各国政局如何变化，哪位"流水的兵"的总统上台执政，"丝绸之路经济带"建设依旧能够顺利推进，中国企业在该国的利益都不会受到影响。

（一）重视并正视各国内部矛盾与问题，真正打造共同发展繁荣的"命运共同体"

中国坚持"不干涉内政"的原则，但不能对沿线国国内的矛盾和冲突漠不关心。要努力化解消极因素，深化利益融合，公平合理地分配好"蛋糕"，与沿线国家通过务实合作实现多领域、全方位的互利共赢。具体来说，要"上层路线"和"群众路线"两条腿走路，在与沿线国政府签署重大项目协议，加强政府间合作的同时，应兼顾该国中央与地方发展利益，争

取使中央及地方势力均成为合作项目的"利益攸关方"，避免其中任何一方利用项目安全等问题对中国进行要挟，甚至对国家关系及投资项目造成困扰。积极开展有利于改善当地民生的项目合作，树立服务意识，重视社会责任，适当回馈当地社会，加强企业"本土化"以促进当地就业，更直接充分地惠及当地民众，赢取沿线国民心。探索投资合作新模式，促进贸易转型升级，进一步拓宽相互投资领域，优化贸易结构，挖掘贸易新增长点，促进贸易平衡。广泛开展文化等多领域的交流合作，营造良好的舆论氛围，为经济领域的全面合作打下坚实的民意基础。尊重当地的法规、宗教文化、生活习惯，形成一种相互信赖、真诚合作、开放沟通、多种文化和睦相处的企业环境；学习跨国公司的国际经营经验，提高中国企业处理与当地政府、社会与居民之间关系的能力和技巧，使企业经营扎根东道国土壤，融入东道国经济，从根本上降低企业的政治、社会风险和员工的人身安全风险。

（二）密切关注中亚国家政局动向，加强情报信息收集和前瞻性研究

整合国内外交、安全、国防等相关部门，对接企业、政府、智库、媒体等主体资源，实现整体合力和联动效应，全方位提升情报信息安全保障供给能力。加强对沿线国政治、经济、社会、文化、民族、宗教等方面的信息和情报收集，密切关注其政治结构、经济自由度、法治指数、移民情况、民族关系等国情指标变动情况，强化综合研究和前瞻性分析，以准确预测、判断各国政治风险的破坏力和政局变动趋势。发挥海外行业协会、商会和涉外中介组织专业

性强、联系面广、信息灵通的优势，为企业"走出去"提供行业协调和信息中介服务。密切与沿线国政府、情报及安全部门在反恐、反极端势力方面的信息通报与合作，保障大通道、大项目的安全。

（三）采取审慎的策略与操作，建立并完善海外投资风险管控机制

构建风险评估预警体系。政府和国家需要拟制切实可行的行动预案维护企业海外利益，降低企业投资风险，包括，建立专业的海外投资风险评估机构，建立公共信息服务平台，发布相关国家风险评估和风险信息，帮助企业利用国际法制规则应对风险。企业应全面客观评估重大投资交易的政治风险，完善金融风险预警体系、信息服务体系和管理体系，发挥政策性金融机制的作用规避风险。

建立海外投资保险制度。国家应建立健全保护海外投资的法律法规及相关制度，建立和完善海外投资援助立法，保证投资者的海外投资利益免受征收、汇兑限制、战争和政府违约等事件影响；推动签署国家间的双边和多边海外投资保护和自由贸易协定，借助相关协定保证企业投资安全和经济利益；积极开展外交公关，同有关国家建立友好合作关系。充分发挥国际金融机构的作用，主动参加世界银行和各地区性国际开发银行提供的海外投资保险，或购买保险以及创新性的金融工具等合理进行风险转移和风险规避。

建立补救和退出机制。根据当地实情，综合考虑各种可能情况，当投资无法正常进行时，应当及时采取措施，积极收集相关资料和证据，对投资进行补救或为顺利退出做好准备；对

于非宪法程序政权更迭过程中的暴力活动，应注重完善早期介入，进行预防性部署。

（四）加强对外舆论宣传引导，密切人文领域交流合作

推动大国外交良性互动，加强对外舆论的宣传引导，对西方以环境为由等的无端指责和鼓动挑拨既要据理力争又要避免授人以柄，坚决抵制西方负面舆论的影响扩散和持续发酵。对外通过各种渠道和场合，宣传强调"丝绸之路经济带"核心理念的开放性、包容性和参与性，让利益共同体、"命运共同体"和责任共同体的意识在中亚沿线国家落地生根。密切与沿线国家在教育、文化、旅游、卫生、科技等人文领域的高层交往和民间交流，巩固和加强民众在人文交流中的主体地位，完善和健全官民并举、多方参与的人文交流格局，提高人文交流的整体效益。企业应突出生态文明理念，高度重视生态环境保护，适当增加项目的透明度，建立更为严格的对外投资项目环境影响评估体制，在项目前期论证阶段重视专家的意见，对投资国提出的问题要给予认真的回应，并细致研究制定替代方案，避免出现漏洞。

第六章

"丝绸之路经济带"
建设与军事力量支撑

"丝绸之路经济带"建设推进伴随着中国国家利益拓展，其实施过程中遇到的风险，也正好是当下中国国家利益拓展中遇到的风险。正因如此，军事力量支撑国家利益拓展的一般性规律，在"丝绸之路经济带"建设推进过程中国家经济和安全利益维护上有了体现。本章重点研究中国在推进"丝绸之路经济带"倡议过程中，军事力量支撑的必要性和中国运用军事力量支撑国家利益拓展的特殊性，围绕军事力量支撑的军事战略调整、军事力量建设以及军事力量使用，就如何运用军事力量维护"丝绸之路经济带"倡议推进和国家利益拓展提出思考建议。

一、服务推进"丝绸之路经济带"建设，
需要有军事力量的支撑

军事力量支撑"丝绸之路经济带"建设的必要性主要体现

在以四个方面：

一是突破地缘条件制约。地缘条件制约国家利益拓展方式和战略选择是一般规律。历史上，荷兰、英国、美国的国家利益拓展均得益于他们所处的地理位置和地缘战略环境，而法国由于四周强邻环绕，导致其在陆权和海权上摇摆不定，一直没能成为世界首屈一指的国家。中国的国家利益拓展也受到地缘关系的影响和限制。中国向西是亚欧大陆腹地，多数国家经济落后、政治动荡、法律缺失、恐怖活动猖獗，这里是既是最著名的"世界岛心脏地带"，也是世界上最为动荡的地区。地缘战略家都预言，谁控制这一地区，谁就控制了世界的枢纽。美国更是认为，这一地区是其能否维系霸权地位的"竞技场"。正因如此，大国频频插手这一地区，阿富汗战争、叙利亚危机、乌克兰危机等重大事件的背后，都有美俄争夺地缘政治安全的因素。显然，"丝绸之路经济带"向西延伸，如果没有强大国力作为后盾，没有军事威慑和实战能力为国家利益拓展提供"压舱石"，"丝绸之路经济带"既走不远也走不稳。

二是突破在位强国的遏制。传统国际关系的现实是，崛起中的新兴国家国家利益拓展必会遭到"在位者"的遏制，有时甚至伴随冲突乃至战争。当下，中国国家利益拓展与霸权国家维护所谓"世界领导地位"的目标存在结构性矛盾，必然受到霸权国的遏制和打压。"丝绸之路经济带"沿线区域，历来是大国激烈角力的战场，"守成强国"、地区大国与中国之间客观上形成了一种战略竞争关系。特别是，美国近年来不断在此投棋布子，深化同吉、塔、乌等中亚国家的军事合作，美国在此地区最近的军事基地距中国西部防区仅 400 千米。在"丝绸之路经济带"建设推进过程中固然需要有政治、外交和经济手段，但同时也离不开军事力量建设的威慑作用和必要时军事手段的适度运用。

三是打击恐怖主义。恐怖主义是影响国家利益拓展的心腹大患之一。20 世纪 90 年代以来，伊斯兰宗教极端势力发展迅猛，对地区国家安全的消极影响日益显现。中国新疆以西，是巴基斯坦白沙瓦、阿富汗南部以及乌兹别克斯坦费尔干纳地带，那里盘踞着"基地"组织、塔利班、"东伊运"和"东突"等数十个宗教极端和国际恐怖组织。"丝绸之路经济带"建设面对着异常复杂的恐怖主义挑战，没有一支能够进行境外有效反恐和维和行动的作战力量，"丝绸之路经济带"建设的实施推进恐怕会底气不足。

四是保护海外利益。海外利益作为国家利益的重要组成，是国家利益的海外延伸。大国应具备必要的军事能力，在出现海外危机时刻，能遂行紧急撤侨等海外应急行动，保护海外工作人员和侨民的安全，保护海外投资的工厂、道路、矿山、油井等的安全，确保投资所在国新政权继续履行原有合约等。随着"丝绸之路经济带"建设展开，中国的海外利益在沿线国家也在不断累积。据报道，截至 2014 年年底，中国仅在中亚地区总投资已达 330 多亿美元，其中，在塔吉克斯坦 12.4 亿美元、在土库曼斯坦 38.8 亿美元、在乌兹别克斯坦 15.1 亿美元、在哈萨克斯坦 235.5 亿美元、在吉尔吉斯斯坦 36.1 亿美元。2014 年，中国与中亚国家贸易额达到 450 亿美元。中国—中亚天然气管道同中国西气东输管道相连，累计对华输气超过

1200亿立方米，中哈原油管道累计对华输油超过8000万吨。[①]
随着"丝绸之路经济带"建设步伐加快，中国海外利益也将越来越巨大，如何最大程度维护境外中国公民、企业和机构生命财产安全及合法权益摆在面前。

历史规律和现实需要告诉我们，"丝绸之路经济带"建设推进过程中，需要有军事力量为国家利益拓展提供战略支撑。但是，我们也要强调中国运用军事力量支撑国家利益拓展的防卫性。西方国家在利益拓展的过程中，无一例外地选择了战争，走的都是一条通过武力扩张、侵略和战争改变原先世界格局和国际秩序，进而建立新的霸权地位和国际秩序的道路。与此不同的是，中国使用军事力量始终贯彻积极防御战略方针，不以领土和势力范围扩张为目标，不谋求地区或世界霸权，而只限于维护国家利益拓展和战略发展机遇期。也就是说，中国军事力量始终是作为防卫性力量在使用，立足于维护自己的合法利益，只有当对手首先使用或威胁使用武力来遏制中国国家利益拓展，或直接侵犯到中国核心利益时，中国才会实际运用军事力量。

二、服务推进"丝绸之路经济带"建设，创新发展中国军事战略

军事战略作为军事力量建设和运用的总纲领，始终服从服务于国家利益。随着"丝绸之路经济带"建设推进，国家利益

---

① 《丝带建设周年记：中国与中亚国家贸易额达450亿美元》，人民网－国际频道，2015年10月13日，http://world.people.cn/n/2015/1013/c1002-27692554.html，上网时间：2017年11月20日。

不断向外拓展，国家核心利益内容和表现形式有所改变，军事战略也应随之相应创新发展。实际上，党的十八大以来，习近平主席和中央军委已经意识到必须与时俱进加强军事战略指导，并着手制定了新形势下军事战略方针，整体运筹备战与止战、维权与维稳、威慑与实战、战争行动与和平时期军事力量运用，为军事斗争准备指明了方向。① 这里，仅就"丝绸之路经济带"建设对军事战略创新的需求提出看法。

一是军事战略在空间上要延拓。前美国空军参谋长迈克尔·瑞安明确提出："从历史上说，商业发展到哪里，我们的国家利益伸展到哪里，军队就应该跟到哪里，不管是在陆地、海洋还是在空中。"② 作为全面计划、部署、指导平时和战时武装力量运用的国家军事战略，其活动空间与国家利益所达到的地理边界也应该高度契合。国家利益走到哪里，国家军事力量支撑的边界就应该延伸到哪里。新中国成立以来的军事战略基本是立足于战争时期的自卫反应型战略，主要是保证领土与主权的基本安全。改革开放以来，中国经济利益已从传统意义上的地理边疆向海外延伸，要求军事力量使用的空间随之扩大。特别是随着"丝绸之路经济带"倡议实施，中国在调整军事战略时，必须把"丝绸之路经济带"所经过的欧亚大陆腹地作为军事战略经营的重要空间，把"一带"沿线海外能源资源、战略通道安全以及海外机构、人员和资产安全等纳入军事战略的考量范围。

二是军事战略在时间上要同步。从拓展国家利益的形式上

---

① 《在中国特色强军之路上阔步前行（治国理政新实践）——党的十八大以来习近平主席和中央军委推进强军兴军纪实》，载《人民日报》，2016 年 3 月 1 日第 1 版。

② 《美空军原参谋长：美可能在太空部署武器》，新华网，2001 年 8 月 2 日。http：//people. cn/GB/junshi/192/5319/20010802/526394. html，上网时间：2017 年 11 月 20 日。

看，中国的国家利益拓展时序与英、美等国不同。美国是军事力量和经济同时向外拓展；英国是先向外扩张军事力量，再扩张经济利益；而中国则是先经济利益存在，后军事力量随行。这一特点的弊端是，如果经济利益长期存在某地，而军事力量滞后时间太长，就会影响国家利益的拓展域和海外利益的安全。特别是，在目前"丝绸之路经济带"沿线国家，中国没有任何军事力量预置。一旦沿线国家发生针对中国海外利益事件，中国将很难做出及时应对。因此，必须遵循商业领域覆盖与军事力量投送同步进行，两手抓且两手都要硬，在实施"丝绸之路经济带"建设的同时，就要加强支撑"丝绸之路经济带"的军事力量建设，让军事力量的发展能够为国家利益的拓展更快更好地服务。

三是军事战略在方向上要兼顾。《中国军事战略白皮书》已经指出，下一步，要"优化军事战略布局。根据中国地缘战略环境、面临安全威胁和军队战略任务，构建全局统筹、分区负责、相互策应、互为一体的战略部署和军事布势"。①随着"丝绸之路经济带"建设，中国安全形势更可概括为四个字，即"东急西重"②。在东边，美国持续强化其地区军事存在和军事同盟体系，极力插手南海事务，对中国保持高频度海空抵近侦察。日本积极谋求摆脱战后体制，大幅调整军事安全政策。个别海上邻国在涉及中国领土主权和海洋权益问题上采取挑衅性举动，在非法"占据"的中方岛礁上加强军事存在，海上方向维权斗争显得较为迫切。在西边，随着"丝绸之路经济

---

① 《〈中国的军事战略〉白皮书发表》，载《人民日报》，2015年5月27日第1版。
② 这一说法最早可参见张文木：《全球化时代的中国安全战略》，山东人民出版社，1999年版。

带"建设推进，维护国家安全与发展利益愈发重要。因此，在"东急西重"的大形势下，军事战略既要根据形势发展有重点方向，又必须眼睛同时盯住东西两个方向，兼顾东西平衡。

三、服务推进"丝绸之路经济带"建设，大力加强军事力量建设

由于中国军事力量总体尚处于由大向强迈进阶段，加之远程作战能力、战略投送能力以及海外行动经验、素养技能有待提高等因素，跨境救援、人员撤离和军事威慑行动能力较低，军队对国家在境外的合法权益尚无法实现有效保护。因此，在调整军事战略的同时，需要大力加强军事力量建设，使军事能力与"丝绸之路经济带"建设相匹配。

一是继续适度增加军费投入。推进"丝绸之路经济带"建设，需要军事力量作为战略支撑。建设一支强大的军事力量，使其具备能够对强敌构成有效战略制衡、对周边国家和地区形成明显军事优势、对海外利益区具备较强维护覆盖的能力，必须继续适度增加军费投入，用以夯实军事力量的物质基础。当前，无论是从国家利益拓展对军事力量建设与运用的新需要，还是从中国军费开支实际水平来看，中国军费开支都还处于较低水平。中国军费在 GDP 总额中所占的比例，在整个"十二五"期间不超过 1.6%，远低于全球军费总开支占全球 GDP 总额的平均值（2.6%），并且呈现逐年下降趋势。[①] 2016 年，中国国防费为 9543.54 亿元（约 1436.78 亿美元），相当于美国

---

① 中国国家统计局编：《国际统计年鉴》，中国统计出版社，2013 年版。

的24.6%，人均国防费仅相当于美国的1/8、英国的1/9、法国的1/7、俄罗斯的1/5；军人人均数额是美国的13.58%、英国的22.98%、法国的22.8%、德国的14.3%。从数据可以看出中国军事投入不断增加但与其他各国仍然存在差距。因此，在"十三五"期间，有必要继续适度增加军费投入，以适应"一带"建设对军事力量必须"由大向强"跃升的需求。

中国历年国防军费

年份	国防军费（亿元）	增长幅度	占 GDP 比重
2010	5321	7.5%	1.29%
2011	6011	12.7%	1.23%
2012	6702	11.2%	1.25%
2013	7202	10.7%	1.26%
2014	8082	12.2%	1.27%
2015	8869	10.1%	1.29%
2016	9543	7.6%	1.29%
2017	10202	7%	1.3%

资料来源：综合新华网、《环球时报》统计。

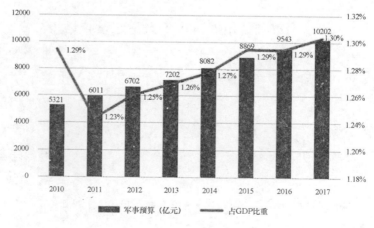

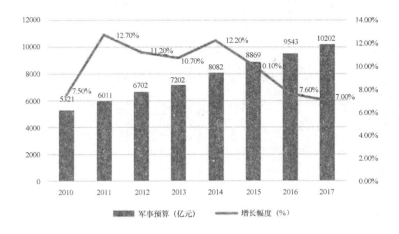

二是明确军事力量建设的重点。从根本上讲，适应"丝绸之路经济带"倡议推进，军事力量建设的重点，应该是使之具有远程投送能力、适合在海外复杂环境下行动并且能夺取遂行海外军事行动的主动权。基于这一考虑，加之"丝绸之路经济带"沿线处于亚欧大陆腹地，因此，必须首先打造并拥有一支能够在境外遂行反恐和维权行动的陆军力量，加快小型化、多能化、模块化发展步伐，特别是加强其远程投送能力、远程打击能力和特种作战能力建设，逐步实现陆军航空化，实现区域防卫型向全域机动型转变。同时，海军力量建设目标是能够走向"深蓝"、维护海上通道安全；空军力量建设思路是能够实现"全球到达，全域打击"；新型力量建设应该放在"战略预警、军事航天、防空反导、信息攻防、战略投送、远海防卫"等方面。陆、海、空与新型作战力量一起，共同组成一支能够在千里万里之外仍有足够保障和战斗能力的"远征军"，从而确保"丝绸之路经济带"建设拥有可靠的安全后盾。

三是优化军事指挥组织体系。执行海外军事行动，多数情况下需要与其他国家的军队共同执行任务，各国行动成员军事、社会、经济、技术、文化背景不同，需要有效协调双边或多边行动指挥保障，同时对自身部队的指挥组织、管理制度等也提出了更高的要求。应牢牢把握遂行海外军事行动的新特点、新规律，减少部队领导管理和力量指挥机构的层级设置，形成符合海外军事行动快速反应等现实要求的组织体系。

四是注重高素质军事人才培养。遂行海外军事行动，需要在陌生的环境下与各方力量沟通协调，需要在复杂的条件下做出得体的应对，只有"有本事""有智商""有情商"的高素质新型军事人才才能胜任。因此，在军事人才培养上，应健全院校、实践和职业教育三位一体的新型人才培养体系，保证全军官兵具备适应国家利益拓展所要求的能力素质。

四、服务推进"丝绸之路经济带"建设，进行必要的战略预置

可以预见，推进"丝绸之路经济带"建设中的军事力量运用，将以海外军事行动为主。而海外军事行动"地处异国他乡"，决定了后勤支援、保障补给对海外军事行动影响重大。长期以来，中国一直坚持独立自主的和平外交政策，不称霸，不扩张，不在海外驻军，不像美军那样拥有遍布全球的海外军事基地。也正因为缺乏固定海外战略支点和前沿保障补给设施，遇到某些紧急需求或特殊需求，受外交、气候、国际航线等许多因素影响，中国海外军事行动的高效实施受

到较大程度制约。因此，未来适应"丝绸之路经济带"建设对军事力量支撑的需求，中国必须加强海外支点建设，进行必要战略预置。

海外支点建设应考虑以下两点：一是地理位置或战略地位重要，可以起到支撑作用。根据国家《推动共建丝绸之路经济带和 21 世纪海上丝绸之路的愿景与行动》文件精神，"丝绸之路经济带"建设将"依托国际大通道，以沿线中心城市为支撑，以重点经贸产业园区为合作平台，共同打造新亚欧大陆桥、中蒙俄、中国—中亚—西亚等国际经济合作走廊（即"六大经济走廊"）[①]；海上以重点港口为节点，共同建设通畅安全高效的运输大通道"。由此，海外支点建设，应以陆上城市和海上港口为支撑和节点。二是靠得住或使之变得靠得住。海外支点建设所选国家，须与中国双边外交和贸易关系积极稳定，或其国家发展内在需求与中国战略实施能够契合对接。

基于上述因素，可考虑建设作为"丝绸之路经济带"支点的沿线国家城市和港口包括：中亚的哈萨克斯坦、吉尔吉斯斯坦、乌兹别克斯坦；独联体的白俄罗斯；南亚的巴基斯坦、斯里兰卡、孟加拉国；中南半岛的缅甸；东欧的匈牙利、

---

① 六大经济走廊分别是：中蒙俄经济走廊、第二欧亚大陆桥、中国—中亚—西亚经济走廊、中南半岛经济走廊、中巴经济走廊、孟中印缅经济走廊。建设中蒙俄经济走廊，关键是把"丝绸之路经济带"同俄罗斯跨欧亚大铁路、蒙古国草原之路的倡议进行有效对接，充分考虑到俄罗斯和蒙古国的共同诉求。第二欧亚大陆桥全长 10900 千米，辐射世界 30 多个国家和地区。建设中国—中亚—西亚经济走廊，要加强与伊朗、土耳其等走廊关键国家的工作，积极参与推进土耳其东西高铁等走廊关键线路的建设和运营，推动建立共同建设、共担风险、共享收益的合作机制。建设中国—中南半岛经济走廊，要加强与泰国、柬埔寨的合作，海陆并举，推动走廊建设。中巴经济走廊是"一带一路"优先推进项目，也是示范项目，可为其余经济走廊建设提供经验参考。对中孟印缅经济走廊，要加强政府间合作机制，推动一批基础设施项目建设。

罗马尼亚、塞尔维亚等国的有关城市和港口。① 这些国家的城市或港口多处在连接亚洲和欧洲主要交通线路的交汇点，公路、铁路、水路交通极为便利，原有工业园区土地价格便宜，交通条件和配套设施相对齐备，且这些国家与中国有着良好的合作基础，有意利用中国资本注入发展国内经济，打造经济合作和产业园区建设的"样板"工程。中国应着眼长远，结合"丝绸之路经济带"走出去互联互通的物理性连接，进一步拓宽、延伸军事力量前出路线，依托这些国外重要节点城市港口的产业园区、科技园区、经贸合作区、物流运输合作园区，采取企业投资、参股、长期租赁等方式，将一批条件优良的城市和港口建设成为集经济开发、贸易合作、工业生产等于一体的综合配套补给保障基地，铺设和则共利、危能善后的"中国城"一体架构，着力将其打造为与中国命运相连、利益攸关的可靠战略支点，作为中国军事力量的临时驻泊点和补给点，逐渐形成地区性实际补给和保障网络，延长中国军事力量驻留时间和提升执行任务的能力。

① 商务部 2015 年统计数据显示，中国已经在 50 个国家建立了 118 个经贸合作区。其中有 77 个处在"一带一路"沿线 23 个国家，35 个合作区处于"丝绸之路经济带"的沿线国家，42 个处于"21 世纪海上丝绸之路"的沿线国家。位于"丝绸之路经济带"上的 35 个合作区，分别位于哈萨克斯坦、吉尔吉斯斯坦、乌兹别克斯坦、俄罗斯、白俄罗斯、匈牙利、罗马尼亚和塞尔维亚等国，这些国家城市和港口所在的园区是"丝绸之路经济带"重要的承接点。结合中亚地区能源资源条件和市场需求，重点布局原材料工业园区资源加工利用型园区和生产加工型园区。

"丝绸之路经济带"沿线地区国家重要城市、
港口及经贸合作区

地区	国家	城市	经贸合作区
中亚	哈萨克斯坦	阿拉木图	阿拉木图工业园
		阿斯塔纳	机场建设
		希姆肯特	城市建设物流运输中心
	吉尔吉斯斯坦	比什凯克	高新产业园区、经贸合作区
	乌兹别克斯坦	纳曼干	技术工业园区
		吉扎克	吉扎克工业特区鹏盛工业园，截至2015年底，为当地创造1300多个就业岗位
	塔吉克斯坦	库尔千秋别	中塔农业科技示范园
独联体	白俄罗斯	明斯克	中白工业园，重点发展的项目是电子信息、生物医药、精细化工、高端制造、物流仓储等产业。工业园的建成将进一步整合两国资源，为创新两国合作方式、拓宽合作渠道打下坚实基础
南亚	巴基斯坦	瓜达尔港	经济特区和炼油厂
		卡拉奇港	巴最大的港口和军事基地
	斯里兰卡	科伦坡港	港口城项目
	孟加拉国	吉大港	孟最大港口城市，和中国昆明市为友好城市
中南半岛	缅甸	皎漂港	中缅油气管道项目港口终端所在地，大型综合港口及物流中转站，缅甸有计划借鉴中国工业区经验，将其打造为经济特区
东欧	匈牙利	布达佩斯	中欧商贸物流合作园区
	罗马尼亚	康斯坦察港	罗马尼亚最大港口，黑海西岸最大海港
	塞尔维亚	贝尔格莱德	大型产业园区

五、服务推进"丝绸之路经济带"建设，筹划军事力量运用

近年来，中国海军在遂行海外军事行动、维护国家利益拓展方面做了大量的开创性工作。① 围绕服务"丝绸之路经济带"倡议实施，军事力量运用在陆路方向也应进行精心筹划，以保证"丝绸之路经济带"建设顺利推进。

（一）深化安全合作，推动军事力量在境外的有效运用

以安全合作方式解决安全领域问题，获得相关国家许可甚至支持，是军事力量在境外运用的最佳选择，可避免涉及主权纠纷等复杂问题。但这有赖平时深植安全合作基础，形成安全合作常态化机制。考虑到"一带"核心区的中亚及中东欧地区曾是苏联传统势力范围，而俄罗斯目前在这一地区影响至关重要，为增进中俄在"一带"建设中的安全互信，必须不断深化中俄两军在两国全面战略协作伙伴关系框架下的交流合作，逐步构建全面、多元、可持续的机制架构，推动两军关系在涉"一带"地区更高层次的合作。上海合作组织是中国和中亚国家安全合作方面已经建立起来的重要平台。要进一步发挥上海合作组织的作用，与相关成员国签署防务合作协议，通过联合军演、联合执法、军事援助、生产装备、

---

① 2011年3月，海军赴利比亚执行撤侨行动；2013年起，海军护航舰艇数次为途径地中海的叙利亚化学武器运输船只护航；2014年3月马航失联事件发生后，海军第17批护航编队参与搜寻失联客机；2014年12月，马尔代夫供水危机中，正在执行远洋护航任务的一艘海军远洋救生船装载960吨淡水奔赴援救；2015年中国海军舰艇编队赴也门执行撤离中国公民的任务。

人员培训等形式，加大反恐交流与合作力度。深化与沿线各国的务实性军事合作，在相互尊重、平等互利、合作共赢的基础上，争取建立联合行动时共用军事基地、对中国开放领空和通道、情报数据信息共享、通信互联等机制。密切与沿线国外交、司法、商务、劳动等民事部门的沟通与合作，建立安全对话机制，深入探讨协同行动的法律基础和机制建设等问题。

（二）贯彻军民结合、寓军于民的方针，尽量寓军事力量运用于民事用途

贯彻寓军于民的方针，避免被炒作，是军事力量海外运用的另一重要原则。可在中国"西进"援建、承建基础设施项目建设中搭载军事功能，开展准军事化保障；中资企业在境外建设油气田、铁路、高速公路、飞机场、大型仓储、移动通信系统、气象观测设施等，应尽可能考虑军事需求，预留军事需求接口，确保未来需要时直接为中国军队后勤保障所用；通过适时主动让利，利用无偿援建、低价承建项目做交换，与重点国家以谈判协商、签订协议等方式，签署租赁或合建有关设施和保障基地的协议，以及有关训练、武器装备和教育领域的互惠协议，以名正言顺地利用这些国家的相关保障设施，获得基本补给物资或军事支援，用于支撑可能需要的陆上反恐行动与危机突发事件处置等应急任务；根据境外中资企业业务范围，赋予紧急情况下相应的物资、车辆等征用任务，发挥员工熟悉当地环境、便于就近使用的优势，组建民兵营连，提高自身安全防卫和境外军事行动保障能力；鼓励推动以退伍军人和部分现役特警为主体，采取国家扶持、民间面目、市场运作的民间安

保组织"走出去"，加强与沿线国安全力量的协作配合，提高境外资产保护能力。

（三）做好舆情引导，妥为应对外界质疑

海外军事行动任务种类数量多，政治敏感性强，舆论关注度高。相对于中国国家利益拓展的脚步，中国军事力量的发展显然还是滞后的。因此，中国围绕"丝绸之路经济带"倡议实施进行必要军事安全预置，本无可厚非。但总有一些国家出于遏制中国崛起的目的，不断炒作"中国威胁论"。比如，美国一些战略学者炮制出所谓"珍珠链战略"，把中国在印度洋周边国家港口建设比作一条海上珍珠链，声称中国正透过各种方式试图建立海外军事基地，中国的海外工程和在印度洋沿岸国家的援建项目也被美方渲染成中国的海上"战略安排"和"战略追求"，抹上了军事扩张的色彩。在这一背景下，搞好舆情引导，及时应对国际关切，对于中国围绕"一带"运筹军事力量非常有必要。当前，可直面相关质疑讲清楚三点：首先，中国并非如美国那样搞大规模驻军，也不是为了搞军事霸权，更不是为了对相关国家进行军事控制。中国采用商业方法使用别国城市港口设施，主要用来为军事力量提供后勤补给和保障，在履行国际义务的同时有效保护本国在海外的合法利益。其次，中国并未垄断某些园区或港口的使用权；且将商业设施转变为军事基地并非易事，中国无力也无心像美军一样建立驻外军事基地体系。最后，在推进"丝绸之路经济带"建设过程中，中国维护海外重大利益的原则也是坚定的。但即使万不得已需要海外用兵，也将严格遵守相关国际法要求，严格坚持

防御、自卫、后发制人的原则，严格把握军事力量运用的时机、方式、规模和范围，与各利益攸关方一起，为管控危机、遏制战争共同努力。

参考文献

1. 张洁主编：《中国周边安全形势评估》，社会科学文献出版社，2015 年 1 月版。

2. 李永全主编：《丝路列国志》，社会科学文献出版社，2015 年 3 月版。

3. 赵江林：《中美丝绸之路战略比较研究》，社会科学文献出版社，2015 年 5 月版。

4. 吴宏伟：《新丝路与中亚：中亚民族传统社会结构与传统文化》，社会科学文献出版社，2015 年 12 月版。

5. 钟飞腾等：《对外投资新空间："一带一路"国别投资价值排行榜》，社会科学文献出版社，2015 年 3 月版。

6. 白永秀、王颂吉：《丝绸之路经济带的纵深背景与地缘战略》，《改革》，2014 年第 3 期，第 64—73 页。

7. ［美］兹比格纽·布热津斯基：《大棋局：美国的首要地位及其地缘战略》，上海世纪出版集团，2007 年版。

8. 张金城：《2015 中国企业海外可持续发展报告》，国务院国有资产监督管理委员会研究中心、商务部国际贸易经济合作研究院、联合国开发计划署驻华代表处，2015 年 9 月。

9. 中国出口信用保险公司：《国家风险分析报告》，2015年8月。

10.《习近平：弘扬人民友谊共创美好未来》，新华网，2013年9月8日。

11. 盛斌：《美国视角下的亚太区域一体化新战略与中国的对策选择》，《南开学报（哲学社会科学版）》，2010年。

12. 习近平：《弘扬人民友谊共创美好未来》，新华网，2013年9月8日。

13. 时殷弘：《"一带一路"——祈愿审慎》，《世界经济与政治》，2015年第7期。

14. 张学昆：《东南亚国家对美国"亚太再平衡"战略的认知差异分析》，《国际论坛》，2015年第3期。

15. 李宁：《"丝绸之路经济带"区域经济一体化的成本与收益研究》，《当代经济管理》，2014年第5期，

16. 储殷、柴平：《一带一路投资政治风险研究》，中国网，2015年。

17. 程云洁：《俄、白、哈关税同盟对新疆外贸的影响分析》，《俄罗斯中亚东欧市场》，2012年第1期。

18. 程云洁：《"丝绸之路经济带"建设给我国对外贸易带来的新机遇与挑战》，《经济纵横》，2014年第6期。

19. 凌激：《中国与中亚国家经贸合作现状、问题及建议》，《国际观察》，2010年第5期。

20. 袁培：《以"丝绸之路经济带"建设助推中亚地区能源合作》，天山网，2014年1月2日。

21. 苏畅：《中亚国家政治风险量化分析》，《俄罗斯东欧中亚研究》，2013年第1期。

22. 赵东波、李英武：《中俄及中亚各国"新丝绸之路"构建的战略研究》，《东北亚论坛》，2014 年第 1 期。

23. 龙海波：《促进我国与中亚"贸易畅通"》，《中国经济时报》，2014 年 12 月 9 日。

24. 蒋焕：《中亚油气合作风险分析及对策》，《石油化工技术与经济》，2014 年 6 月 13 日。

25. 周丽华：《新疆企业出口中亚五国的汇率风险研究》，《市场周刊：理论研究》，2014 年第 1 期。

26. 钟四远：《中国中亚共圆梦想》，《人民日报》，2014 年 2 月 7 日。

27. 赵华胜：《浅评中俄美三大战略在中亚的共处》，载《俄罗斯中亚研究》，2014 年第 1 期。

28. 贾春阳：《美国亚太"强军"之路走向何方》，《世界知识》，2015 年 9 月。

29. 张来仪：《中亚伊斯兰极端主义》，《东欧中亚研究》，2001 年第 5 期。

30. 孙久文，高志刚：《丝绸之路经济带与区域经济发展研究》，经济管理出版社，2015 年 3 月第 1 版。

31. 王永中、王碧珺：《中国海外投资高政治风险的成因与对策》，《全球化》，2015 年第 5 期。

32. 郑蕾、刘志高：《中国对"一带一路"沿线直接投资空间格局》，《地理科学进展》，2015 年第 5 期。

33. 中华人民共和国商务部、中华人民共和国国家统计局和国家外汇管理局：《2013 年度中国对外直接投资统计公报》，中国统计出版社，2014 年版。

34. 李向阳：《"一带一路"：定位、内涵及需要优先处理的关系》，社会科学文献出版社，2015 年 5 月版。

35. 王玉主：《"一带一路"与亚洲一体化模式的重构》，社会科学文献出版社，2015 年 5 月版。

36. 王灵桂主编：《国外智库看"一带一路"》，社会科学文献出版社，2015 年 9 月、10 月版。

37. 王灵桂主编：《国外智库看"亚投行"》，社会科学文献出版社，2015 年 9 月版。

38. 杨善民主编：《"一带一路"环球行动报告》，社会科学文献出版社，2015 年 9 月版。

39. 张其仔主编：《中国产业竞争力报告（2015）NO. 5：
"一带一路"战略与国际产能合作》，社会科学文献出版社，2015 年 12 月版。

40. 高志刚：《中亚国家区域经济合作现状及发展缓慢的原因分析》，《新疆财经大学学报》，2013 年第 4 期，第 12—18 页。

41. 张晔：《中亚地区的大国角逐及对中国与中亚区域经济合作的影响》，《新疆社会科学》，2009 年第 3 期，第 59—63 页。

42. 肖宪：《"向西开放"需外交全局统筹》，《环球时报》，2013 年 7 月 31 日。

43. 胡鞍钢、马伟、鄢一龙：《"丝绸之路经济带"：战略内涵、定位和实现路径》，《新疆师范大学学报》（哲学社会科学版），2014 年第 4 期。

44. 李明伟：《丝绸之路贸易研究》，新疆人民出版社，2011 年版。

45. 赵锋：《丝绸之路沿线十大潜力城市群加速升级》，

《中国经营报》，2013 年 12 月 23 日第 A16 版。

46. 朱显平、邹向阳：《中国—中亚新丝绸之路经济发展带构想》，《东北亚论坛》，2006 年第 15 卷第 5 期，第 3—6 页。

47. 何茂春、张冀兵：《新丝绸之路经济带的国家战略分析——中国的历史机遇、潜在挑战与应对策略》，《学术前沿》，2013 年第 12 期，第 6—13 页。

48. 卫玲、戴江伟：《丝绸之路经济带：超越地理空间的内涵识别及其当代解读》，《兰州大学学报（社会科学版）》，2014 年第 42 卷第 1 期。

49. 王保忠、何炼成等：《"新丝绸之路经济带"一体化战略路径与实施对策》，《经济纵横》，2013 年第 11 期，第 60—65 页。

50. 杨恕、王术森：《丝绸之路经济带：战略构想及其挑战》，《兰州大学学报（社会科学版）》，2014 年第 42 卷第 1 期，第 23—30 页。

51. 朱苏荣：《丝绸之路经济带的金融支持》，《中国金融》，2013 年第 24 期，第 77—78 页。

52. 胡波：《构建"丝绸之路经济带"的三大原则》，《中国经济周刊》，2013 年第 37 期，第 17—18 页。

53. 陈耀：《基于"西向开放"的丝绸之路经济带建设研究》，《丝绸之路经济带与区域经济发展研究》，经济管理出版社，2015 年 3 月版。

54. "Clinton Remarks at Anna Centenary Library", July 21, 2011.

55. Jyoti Prasad Das, "India's 'Connect Central Asia' Poli-

cy", October 29, 2012.

56. "Full Speech: Obama on Alghanistan Troop Withdrawal". ABC NEWS, June 22, 2011.

57. Lynne M. Tracy, Deputy Assistant Secretary, Bureau of South and Central Asian Affairs, "The United States and the New Silk Road", October 25, 2013.

58. Mark E. Manyin, Stephen Daggett, Ben Dolven, Susan V. Lawrence, Michael F. Martin, Ronald O' Rourke, Bruce Vaughn, "Pivot to the Pacific? The Obama Administration's 'Reblancing' Toward Asia".

59. Samuel J. Locklear III, Commander U. S. Pacific Command, "The Asia Pacific 'Patchwork Quilt'", Remarks Delivered at Asia Soci – ety, December 6, 2012.

60. "Asia Defense Spending May Surpass Europe's This Year", Defense News, March 7, 2012.

61. Office of the Secretary of Defense, Military Power of the People's Republic of China 2009, March 24, 2009, p. I.

62. Leon E. Panetta, "U. S. Naval Academy Commencement", May 29, 2012.

63. Richard Weitz, "Pivot Out, RebalanceIn", May 3, 2012.

64. "Robert M. Gates, Secretary of Defense, Remarks Delivered at Shangri – La Hotel, Singapore", June 5, 2010.

65. Hillary Rodham Clinton, "Remarks on India and the United States: A Vision for the 21st Century", Chennai, India, July 20, 2011.

66. Jyoti Prasad Das, "India's 'Connect Central Asia' Poli-

cy", October 29, 2012.

67. "Full Speech: Obama on Alghanistan Troop Withdrawal", ABC NEWS, June 22, 2011.

68. Станислав Тарасов, Казахстан поможет Турции вступить в Таможенный союз? 28 октября, 2013.

69. Владимир Путин. Новый интеграционный проект для Евразии—будущее, которое рождается сегодня. 03. 10. 2011.

70. Станислав Тарасов, Казахстан поможет Турции вступить в Таможенный союз? 28 октября, 2013.

后　记

　　本书自申请立项之日起，研究开展历时近一年，在深入领会党中央、国务院以及习主席关于"丝绸之路经济带"建设战略决策的精神内涵与重大意义，广泛收集相关文件材料，了解国内外研究现状及存在问题的基础上，聚焦"丝绸之路经济带"建设在中亚地区推进过程中可能面临的风险和挑战，并就化解这些风险提出了有针对性的对策建议。其间先后在重要学术刊物上发表了阶段性成果，并最终以课题报告的形式完成了研究目标。然而，受时间和条件所限，本书仅从宏观战略层面对"丝绸之路经济带"建设在起点核心区域——中亚地区面临的风险和挑战进行了较为深入的研究，对于"丝绸之路经济带"扩展区和辐射区，如西亚北非、欧洲地区以及沿线具体国家的研究仍有待继续进一步深入和细化。

　　由于著述相对匆忙，书中难免有错误和不当之处，引用的观点、数据以及学术界专家、学者的研究成果尽可能在脚注和参考文献中予以列出，个别由于疏忽未列出的，敬请谅解。

在这里感谢军事科学院卢周来教授、中国社会科学院亚太与全球战略研究院亚太与安全外交研究室张洁研究员给予的大力支持和帮助，以及时事出版社的各位领导和编辑的辛勤工作。